EL VISITANTE
DEL PLANETA AZUL

Rafael Diogo

Compaginado y diagramado por el Autor

Ilustraciones: Tratamiento informático sobre archivos de uso público.

Portada diagramada por Guillermo Ruiz Nuñez

INTRODUCCIÓN

Se trata de una obra didáctico moralizante. Su intencionalidad central es trasmitir una serie de principios, una ética. El texto pretende generar una modificación en la conducta del lector.

Sin embargo, el contenido moral está vehiculizado por un componente narrativo que pretende amenizarlo, del mismo modo que el principio activo de un medicamento se acompaña de otras sustancias que optimizan su asimilación, o –meramente- lo hacen más agradable al paladar y estimulan su consumo. De este modo funcionan algunas obras célebres como por ejemplo "La Divina Comedia" o, más cerca de la temática de este relato, algunas novelas de Voltaire (S. XVIII) y de H. G. Wells (S. XX)

Lic. Gustavo Espinosa

A Lino y a Teresita, a Homero y a Marianela.

PRÓLOGO

La presente obra está llena de ficción y de verdades, las que se mezclan intencionalmente para resaltar el mensaje.

Declaro con palabras solemnes que aunque los principios escritos en esta obra son ciertos, los personajes y el ambiente son productos de la imaginación y suposición.

Rafael Diogo

CAPITULO I

EL ENCUENTRO

LA HISTORIA tal como la contó Gabriel, hace no mucho tiempo:

Aquella grandiosa experiencia ocurrió una madrugada clara, de verano, poco antes del amanecer.

Gabriel, aquella noche antes de dormir, había decidido levantarse muy temprano para observar la salida del sol en el horizonte del océano.

Se encontraba caminando por la arena, por las costas del océano Atlántico, en un bellísimo lugar, donde solía ir a veranear, llamado Playa la Moza.

El mar estaba sereno, no había olas, apenas el vaivén de las aguas lamiendo la arena. Y sus huellas de pies descalzos quedaban marcadas en la orilla. Así tranquilamente caminaba observando las cucharetas y los grandes caracoles marinos que la marea arrastró hasta la orilla aquella noche.

De pronto, un silbido poco audible pero penetrante, le erizó todo el cuerpo, pues sabía que estaba solo en la playa. Súbitamente una luz muy intensa iluminó los médanos, los que surgieron de las sombras como en pleno día.

Quedó quieto, casi inmóvil, y observó el firmamento, y de repente un objeto muy extraño se aproximó hacia él. Intentó huir, pero el terror le quitó las fuerzas y lo paralizó. Solamente miraba atónito, y un grito de angustia casi inaudible fue lo único que se le oyó.

No podía creer lo que veía, aquella extraña nave se detuvo a unos cien metros de él, y se paró el silbido, y se apagó la luz que lo rodeaba, y allí quedó su silueta fantasmagórica a la tenue luz del alba.

Gabriel no podía correr ni gritar, estaba siendo presa de su terror, solamente observaba con asombro. De pronto una escotilla se abre y desciende alguien que no logra ver bien, y que se acerca hacia él.

Su pánico a este punto era tal que comenzó a quedar blanco y a punto de derrumbarse en la arena, pero la tranquilidad de movimientos y los pasos serenos del personaje extraño, le sugirieron a su mente que no debía temer, y poco a poco recobró el color, pero no las fuerzas.

El extraño visitante continúo con pasos serenos, pero seguros hasta enfrentarse con Gabriel, y haciendo un gesto y un movimiento con la mano en señal de saludo, le extendió la mano, la que Gabriel no se atrevió a estrechar, aún inmóvil de asombro.

Se observaron por un breve momento mirándose a los ojos, hasta que Gabriel balbuceó un -¡Hola!- a lo que el visitante extraño dijo también -¡Hola!

Aún con frases tartamudeantes Gabriel preguntó -¿De dónde vienes?-

-Soy de un planeta muy lejano de tu tierra.- le contestó.

-¿Cómo es que hablas mi misma lengua?- volvió a preguntar Gabriel, aún lleno de asombro.

-Aprendí tu idioma para visitarte. Allá todos hablamos la misma lengua, la lengua que antes todos hablaban en tu planeta.-

-¿Qué has venido a hacer a nuestra tierra?- continúo preguntando Gabriel para salir de su asombro.

-Vine a recoger algas marinas que la marea en esta época deja sobre la arena al amanecer. Las necesitamos por sus valores medicinales para nuestra gente. Y también vine a tener este encuentro contigo-.
Así poco a poco Gabriel fue saliendo de su emoción, y de su estrés, y poco a poco recobró las fuerzas, y aceptó la realidad, estaba frente a frente a un extraterrestre.

¡Cuán extraña experiencia!, casi no podía creerlo, aunque lo estaba viendo, y a espaldas del visitante veía a la nave como un fantasma a la orilla del océano.

Miles de preguntas, miles de sensaciones, que procuraba poner en orden en su mente. Ahora sí, después de aquel breve diálogo se armó de valor y le extendió la mano en señal de amistad.

-¿Cómo te llamas?- preguntó Gabriel para comenzar a saciar su curiosidad.

-Nacor, me llamo; y tú eres Gabriel, ¿verdad?-

-¿Cómo lo sabes?-

-Me preparé mucho para este encuentro contigo. Anoche oí tus planes de que hoy vendrías antes de salir el sol a la playa.-

-¿Dónde estabas anoche?- preguntó Gabriel confundido.

-Estaba en el espacio en mi nave, y podía observarte en la pantalla del visor espacial. Sabía que me encontraría contigo hoy al venir y recoger las algas.-

-¿Por qué yo?- replicó Gabriel.

-Eres muy semejante a nosotros en tus sentimientos, pensamientos, y forma de vivir, y resolvimos darte a ti el privilegio de conocernos para que puedas ser de ayuda a tu gente. Pero ahora ayúdame a recoger las algas medicinales que dentro de poco tengo que partir antes que salga el sol, e iremos conversando mientras las juntamos.-

La ayuda de Gabriel consistió solamente en acompañarlo, porque el visitante espacial extrajo de sus ropas un pequeño aparato que apuntó hacia las algas y estas se juntaron todas en un solo lugar, y luego fueron atraídas hacia la nave espacial por una fuerza extraña. Gabriel no podía salir de su asombro, y sólo observó extasiado el trabajo de su acompañante.

-¿De donde vienes?- volvió a preguntar Gabriel.

-Mi planeta se llama Kókom, y su satélite se llama Olea, y nos proporciona luz en la noche como tu luna.

-También tenemos un pequeño astro más alejado que lo llamamos Shinehah II, que nos proporciona luz y calor girando por fuera de la órbita de Kókom, y que lo acompaña en una órbita elíptica alrededor del Sol. De este modo nuestro planeta recibe calor aún cuando en su órbita se encuentre más alejado del Sol y sus rayos no llegan para darle suficiente luz y calor.-

Gabriel no salía de su asombro, y continuaba escuchando las explicaciones tan interesantes de su visitante

-La órbita elíptica de Kókom es semejante a la órbita del planeta que tu llamas Plutón, en cuanto a su inclinación, aunque más inclinada aún, y mucho mayor en recorrido alrededor del Sol.

-El tiempo lo medimos por una rotación de Kókom sobre sí mismo, y en cuanto a duración es muy semejante a un día de la Tierra.

-A nuestro planeta también se le llama el Planeta Azul, queda más allá de Plutón. Aunque la órbita de Kókom es semejante a la de Plutón, solamente cada 250 años aproximadamente lo podemos ver a Plutón y a su satélite que ustedes llaman Caronte.

-La órbita de Kókom alrededor del Sol dura cuatro veces más que la de Plutón. Siendo que la órbita de Plutón alrededor del Sol demora 247,7 años de tu tiempo, y la de Kókom es de casi un milenio.

-Un año del Planeta Azul son casi mil años de la Tierra, si decimos años a una traslación completa alrededor del Sol, a quien nosotros llamamos Shinehah. Un hombre nuestro vive un año de nuestro planeta como promedio.

-Me gustaría explicarte muchas cosas del universo y de la vida, pero debo marcharme. ¿Quieres venir conmigo?- propuso el visitante.

-¡No!- replicó Gabriel aún turbado, pero absorto en lo que se imaginaba al escuchar; parecía comprenderlo muy claramente.

-No temas, sabía que no irías ahora, pero prométeme reencontrarnos, en seis meses de tu tiempo regreso al mismo lugar. ¿Me esperarás?-
-¡Sí!, lo prometo- dijo Gabriel.

El visitante espacial apretó la mano de Gabriel y esbozó una franca sonrisa. Luego subió a su nave, la que parecía una gran esfera, rodeada de un aro que giraba a asombrosa velocidad y producía aquel silbido agudo, pero casi inaudible. De pronto una luz invade a la nave y se levanta suavemente de la playa, hace una media vuelta y se pierde hacia el norte.

CAPITULO II

EL REGRESO

PASARON LOS SEIS MESES muy lentamente para Gabriel. No podía esperar sin ansias aquel encuentro prometido.

Llegado el momento, fue solo a la playa, porque estaba resuelto a aceptar el viaje espacial de su amigo extraterrestre, porque aquella breve experiencia vivida, pudo inspirarle confianza.

Gabriel pensó que era muy poco tiempo para ir y volver a aquel extraño planeta, ya que las naves de la Tierra demoran unos siete años sólo para llegar a Plutón, y Kókom está mucho más allá de su órbita, según lo dicho por Nacor.

¡Cuántas preguntas tenía para hacer! ¡Cuánta curiosidad reprimida todo este tiempo! Pero de todo lo que más deseaba saber era de la vida y las costumbres de los habitantes del planeta.

Pasado el tiempo, allí estaba Gabriel, solo en la playa aquella noche. Era invierno, pero no hacía mucho frío, y las olas golpeaban suavemente las rocas, aumentando la soledad del lugar.

De pronto el silbido agudo hizo latir fuertemente el corazón de Gabriel, pero esta vez no sintió temor, no obstante sintió que se le erizaba la piel. Sin embargo estaba preparado para el reencuentro.

La luz intensa se reflejó sobre el agua, y al instante la silueta de la nave se divisó detenida en el aire. Y lentamente descendió sobre la arena.

Gabriel se aproximó y esperó que descendiera su amigo, y entonces se abrió la escotilla y lo vio descender lentamente, el que haciendo un gesto y un movimiento con la mano en señal de saludo, se acercó y estrechó la mano de Gabriel.

Acto seguido la nave cerró su escotilla y se alejó en el espacio para asombro de Gabriel.

-¿Por qué te dejan?- preguntó Gabriel.

-No me dejan, volverán después por mí. Ahora quiero andar contigo en tu planeta. Sé mucho de él porque estudiamos sobre la vida de los demás mundos habitados, pero es la segunda vez que piso tu Tierra.-

-No es mucho lo que podemos ver caminando- contestó Gabriel a su anfitrión.

-Tu tienes un vehículo, ¿verdad?, ¿podemos usarlo?-

No se le ocurrió a Gabriel que su amigo interplanetario saldría con él en su auto.

Cuando pudo Gabriel comenzó con sus muchas interrogantes, que a cada instante se iban multiplicando. Lo primero que preguntó fue lo siguiente:

-¿Cómo es que en sólo seis meses hiciste un viaje de ida y regreso a tu planeta, que según dices, está más allá de la órbita de Plutón, y en nuestras naves demoraríamos 14 años solamente en ir a Plutón y regresar.-

-¡Sí, pero en tus naves! Hay muchas leyes del universo que tu gente aún desconoce. Lamentablemente tu gente tiene mil quinientos años de atraso. En la época del oscurantismo, ¿cuántos sabios fueron quemados?, ¿cuántos científicos guillotinados?, ¿cuántos físicos envenenados?

-Por fanatismo religioso frenaron al mundo de su progreso, destruyeron libros, y cualquier fuente de cultura para mantener al pueblo en la ignorancia.

-Mientras los terrícolas pararon su progreso, y aún regresaron, nosotros seguimos avanzando.-

Gabriel por un rato no osó hacer más preguntas, sólo meditó largo tiempo en todo lo que escuchó.

Después volvió a preguntar:

-¿Cómo es que sabes historia de mi Tierra?-

-Estudiamos historia, para entender y vivir mejor el presente, y para predecir el futuro. Y la historia de tu planeta nos resulta casi inconcebible.

-¿Qué hicieron con los africanos en las épocas coloniales? Un ser humano haciendo esclavo a un semejante no lo podemos concebir; la matanza de los que ustedes llamaron los indios en la época de las conquistas; la bomba en Hiroshima; la persecución y matanza de los primeros cristianos en los circos romanos para diversión del pueblo; la inquisición; el holocausto de los judíos; la masacre de los armenios por los turcos.

-Las guerras, ¡no las podemos concebir! ¿Sabes como le llamamos a tu planeta? «Discordia», pero por respeto a ti le llamaré Tierra.-

-¿No se odian allá?- preguntó Gabriel.

-¡No!, allá predomina el amor.-

-¿No hay asesinatos, crímenes?- volvió a preguntar.

-¡No!, allá predomina el amor.-

-¿No se odian?-
-¡No!, vencimos el odio, de hecho nunca permitimos que entrara. Allá no hubo un Caín en el comienzo.-

-¿Pero existe el bien y el mal?- continuó preguntando Gabriel.

-¡Sí!, pero en otro nivel. Para nosotros hay muchas cosas malas que procuramos mejorar, pero no hay maldad en el grado que hay en tu Tierra.-

-¿Creen en Dios?- preguntó Gabriel.

-¡Sí creemos!, en el mismo Dios y en el mismo Cristo. Pero nosotros no mataríamos a nuestro propio Salvador como tu gente.-

-¡No fue mi gente! Nada tienen que ver con mis sentimientos. Yo no lo haría, y millones de personas en este planeta tampoco lo harían. Somos muy diferentes unos de otros.- Dijo Gabriel creyendo aclarar un concepto equivocado de su visitante.

-Si, por la gente buena que hay en este planeta es que vinimos, y porque eres especial es que vinimos a tí- dijo el visitante.

Aún insatisfecho con el tema comenzado, Gabriel volvió a preguntar:

-¿Tienen allá mandamientos sagrados como nosotros?-

-¡Sí, los tenemos!, pero difieren de los de ustedes. Nos resultan hasta graciosos vuestros «Diez Mandamientos». No los necesitamos allá, si tienes amor en tu corazón, no necesitas ninguno de los diez mandamientos, porque serán una consecuencia natural de tu vida; así somos allá.

Y continúo explicando Nacor:

-Nuestros mandamientos más bien son metas de superación, mas no prohibiciones. Perdóname, pero la maldad de tu gente en el pasado y el presente hizo necesario los Diez Mandamientos que recibió Moisés. Los nuestros son semejantes a los primeros que estaban en las tablas que quebró Moisés en el monte de Sinaí.-

Absorto por la conversación, Gabriel por un instante olvidó que su amigo quería viajar y se había sentado en una piedra a orilla del océano. A cada instante le brotaban mil preguntas, las que sólo podría hacer una por vez, con cada pregunta el tiempo de su amigo se agotaba, pues antes del amanecer lo vendrían a buscar.

-Es cierto que querías recorrer mi planeta- dijo Gabriel, e invitando a su amigo a su campamento debajo de los pinos, lo llevó hasta su coche, y lo invitó a subir.

-¿Hacia donde vamos?- preguntó Gabriel.

-Llévame a la ciudad- contestó Nacor.

-¿Cuándo tienes que volver?, inquirió Gabriel.

-Según tu tiempo, en una hora- dijo Nacor.
-A ninguna ciudad grande llegaremos en ese tiempo- le afirmó Gabriel.

El extraño visitante, comprendió las limitaciones de nuestros vehículos, y sólo sonrió a su amigo terrestre.

En la ruta ahora era el extraterrestre el que se comenzó a sentir cada vez más atemorizado. De pronto comentó:

-Desconozco muchas de las leyes sobre el tránsito por tierra en tu planeta, pero es obvio que al desobedecerlas lo hacen una trampa mortal. Es comprensible porque mueren más de tus semejantes en las rutas que por otras causas de enfermedades, según lo que estudié.-

-¡Así mismo es en nuestro país!- contestó Gabriel.

Entonces continuó Nacor:

-Sabes, es posible que tengas leyes de protección en las rutas, pero tu gente es deshonesta. Viola las leyes cada vez que no hay nadie cuidándolos. De la deshonestidad de tus semejantes ya sabía, pero no había visto su aplicación en esta situación.

-Veo como violan abusivamente no sólo leyes que evidentemente han de existir, sino que violan principios de razonamiento lógico y de buen criterio- dijo observando una maniobra imprudente de un conductor.

-Por favor, te ruego que me lleves otra vez a la playa. En mi planeta nunca arriesgamos todo por nada. Y en cuanto a la velocidad también es un gran riesgo. Es cierto que nuestras naves van a velocidades para ti asombrosas, pero tenemos rutas individuales. En rutas colectivas andamos mucho más despacio que ustedes.-

Gabriel quedó intrigado con «rutas individuales», y preguntó:

-¿Cómo son las rutas individuales?-

-Hay un administrador de rutas, una especie de lo que tu llamas computadora, que cuando voy a salir me dice qué ruta me corresponde utilizar, y sé que esa estará libre por la fracción de tiempo que dure mi viaje. Viene a ser como tu ruta con muchos carriles. Allá no hay intersecciones entre las rutas, ni puentes estrechos. No comprendemos como los tienen ustedes, son trampas fatales.

-Lamento haberte causado este disgusto- dijo humildemente Gabriel.

Una vez que regresaron a la orilla del océano, Gabriel se sentó sobre un médano, y Nacor permaneció parado un poco más abajo, de frente a su amigo.

De pronto Nacor comenzó a decir:

-En tu planeta no hacen falta críticos, sino reformadores. Hasta ahora tal vez te ha parecido que solamente soy crítico y no reformador. Lo cierto es que deseamos que tu seas el reformador. Nosotros te mostraremos los problemas y las soluciones, pero tu tendrás que ser el reformador.

-La cura de tu gente es cambiar odio por perdón, intolerancia por respeto, racismo por comprensión, entonces brotarán solos el amor, la tolerancia y la paz.

-Recuerda esto: la fuente de la paz, de la tolerancia y del amor, es el hogar. Fortalece los vínculos familiares, y tendrás un mundo mejor. Serás grande por tu contribución al mundo, pero tu obra mayor será la de tu propio hogar. Los éxitos en la vida no justifican fracasos en el hogar.

-La charla y el viaje nos llevaron mucho tiempo, dentro de muy poco regresarán a buscarme. Espero ir contigo- dijo el visitante.

A Gabriel le sobrecogió un repentino temor a lo desconocido, y aunque su amigo le infundía gran confianza, no se animó a tomar la decisión de viajar en esta ocasión.

-Bueno,- dijo Nacor, -no iremos todavía a Kókom, ni daremos un paseo espacial. Conocer el universo te hará más sabio, más humilde, más admirador de tu Creador, y en consecuencia, mejor hombre.-

En eso, otra vez el ruido y la luz, que ya le eran familiares a Gabriel, y otra vez la nave se detuvo en el

mismo lugar; y con un apretón de manos los amigos
coordinaron en encontrase dentro de seis meses otra vez.

CAPITULO III

EL PASEO ESPACIAL

TAL COMO LO PLANEARON, Gabriel y Nacor volvieron a encontrarse.

Era verano, la playa esa noche estaba agitada, y las olas golpeaban contra las piedras de la orilla, levantando figuras blancas que a la tenue luz de la luna se divisaban desde la arena.

Esta vez aparecieron dos naves, y mientras una se detuvo sobre la playa, la otra permaneció suspendida en el aire, tal vez a unos doscientos metros de altura, porque se la veía más pequeña que la otra.

El reencuentro en esta ocasión fue muy emotivo, se saludaron como viejos amigos, y lo primero que le dijo Gabriel fue:

-¡Esta vez si te acompañaré!-

-Muy bien, será una maravillosa experiencia para ti. No obstante, antes de partir traigo varios mensajes que los Maestros quieren que te trasmita antes de nuestro viaje- le dijo Nacor, acomodándose entre unas rocas para hacer propicio el ambiente.

-De todo lo que me has enseñado, he tomado nota, y he aceptado tu desafío de ser reformador entre mi pueblo.- dijo Gabriel.

-Sí, en tu mundo sobran críticos y faltan reformadores. El crítico no crea nada, el pesimista no aporta nada, y el que duda no logra nada.- Con este pequeño preámbulo, comenzó ha declarar su mensaje el visitante del planeta lejano.

-Tu gente- dijo, -se está esclavizando voluntariamente, están permitiendo que las deudas les quiten libertad. La mayoría de tus semejantes están atados con fuertes deudas, más de lo que pueden aguantar. No sólo han comprometido sus ingresos que constituyen su sustento, sino que muchos han comprometido el equivalente al sustento de muchos meses y aún años.

-Tu gente cambió el ahorro por su opuesto. Ya casi no hay quien prevea para el futuro, principio que hasta los insectos vigilan con tanto celo. Ya no se ahorra, sólo se compromete el futuro a tal punto que muchos no pueden aguantar, causando gran estrés y desequilibrios en sus familias, en sus personas, y provocando problemas serios de salud o emocionales, y muchas de las muertes del corazón, o a veces la autoeliminación.

-En el pasado el enemigo venía e invadía a un pueblo, le robaba sus posesiones, lo hacía esclavo y obligaba a pagar tributo. Hoy también tu pueblo es esclavizado, no por un enemigo, sino por «amigos», quienes no te roban nada, te dan y te prestan mucho dinero, y dejan que se agigante la deuda con sus intereses; pero después no sólo te obligan a pagarles, sino que te presionan y toman decisiones en tu propia casa, a veces hasta vendiendo tus posesiones, y a veces hasta tomando decisiones en la administración de tu propio país.

-¡Enséñales a ahorrar!, enséñales a prever para el futuro, como la abeja o la hormiga. Enséñales a elaborar, envasar y a almacenar alimentos, a plantar árboles frutales, a cultivar sus huertas, pero no a gastar lo que aún no han ganado, enséñales a no comprometer lo que todavía no tienen. La más leve adversidad les causará tantos trastornos que no podrán afrontarla.

-Líbralos de las deudas como si fuera de una plaga. Enséñales ahora que hay tiempo, pues les llevará varios años a muchos de ellos verse libres completamente.

-Los intereses son crueles, no se detienen ante tus dificultades, son inmutables en salud o enfermedad, son insensibles ante prosperidad o miseria, te siguen estando alerta o dormido, no te abandonan ni vivo ni muerto, siguen sumándose sin compasión día tras día.

-Líbralos, o una gran calamidad sobrevendrá a tu sociedad.-

-Gracias,- dijo Gabriel, -comprendo tu mensaje.-

Gabriel escuchó absorto a su visitante, tan claro le llegó a su mente lo que dijo, que por un momento se olvidó de su entorno, ni reparó como las olas estallaban con estruendo contra las rocas, ni se percató de que la segunda nave había partido.

-Me pidieron que te diera este mensaje acá en tierra, tal vez estarás tan maravillado con lo que verás mientras viajamos por el espacio, que no sabemos si te llegaría con la misma claridad lo que teníamos para decirte esta vez-, le dijo Nacor.

-Mientras hablabas, pasaron por mi mente varios de mis amigos que se autoeliminaron, y a los que les falló el corazón, por tanto estrés causado por las deudas.- dijo Gabriel.

-Si pudiéramos haber salvado a uno solo de tus amigos, ya se justificaría viajar tanto para traerte este mensaje.- replicó su amigo.

-Está llegando el alba, y debemos partir antes del amanecer. ¿Estás listo para iniciar un paseo espacial?- preguntó Nacor.
-Esta vez estoy ansioso- le contestó Gabriel.

Una vez que subieron la escotilla, le fueron presentados tres tripulantes más a Gabriel, entre ellos una

mujer. La mujer por cierto hermosa, parecía la esposa de uno
de los tripulantes por la forma cariñosa en que se trataban.
Ella de pelo largo, blanco como el de ellos, y ojos celestes.
Ellos más altos que Gabriel, con buena musculatura y muy
ágiles, también de ojos celestes.

La mujer fue presentada como Shinna, y los
otros tripulantes como Naaré, el más joven, Maraat, el del
medio, y Boor Taté el anciano.

El entorno de la nave no le pareció complejo
como se lo había imaginado, era más bien confortable que
complejo. Cada uno de los personajes tenía una asignación
específica dentro de la nave, pero a Nacor le correspondía la
responsabilidad de enseñar y capacitar a Gabriel, por lo tanto
estaba libre de toda otra responsabilidad, aunque se notaba
que era quien mayor autoridad tenía dentro de la nave, no
obstante era amable y bondadoso con la tripulación.

Rápidamente la nave se alejó de la playa, y
Gabriel observó que su planeta quedó atrás y lo veía como
una esfera con diversos tonos de azul.

Interrumpió su contemplación Shinna, quien
dijo:

-Tu Tierra tiene unos siete mil años de
existencia ordenada, aunque la materia no se mide con
tiempo, pues no tiene principio ni fin.

-En el hombre no hubo períodos prehistóricos.
Desde el comienzo de la existencia del hombre, él registró su
historia, por signos de escritura convencional para cada época
o región.

-Tampoco el hombre descendió del mono, no hay nada glorioso que esperar en quien crea tal cosa. No hubo en el hombre el perfeccionamiento de una raza inferior, sino que se dio en el hombre en diferentes tiempos y lugares, el degeneramiento de una raza superior.

-En los planetas que te rodean, no hubo vida, pues están desordenados y vacíos, como tu tierra al principio. Es necesario ordenarlos para que la vida allí exista. Kókom fue ordenado, y se creó a Shinehah II para darle luz y calor, y Olea para iluminar sus noches.-

Gabriel, absorto con lo que oía y veía, no percibió el transcurso del tiempo.

-¡Mira!,- dijo Nacor, -esta es tu Luna, el satélite de tu Tierra. -¡Vamos a dar una vuelta a su alrededor!-

Al girar por alrededor de la Luna, Gabriel observó como se diferenciaban claramente las dos caras de la Luna. Sin embargo, del lado obscuro de la luna nada pudo percibir, sólo obscuridad. Al culminar la órbita, y salir del lado obscuro, Nacor dijo:

-¡Acerquémonos un poco más para que puedas tener una mayor experiencia!-

Mientras se acercaban, Gabriel comenzó a exclamar y a interrogar:

¡Qué maravilloso, qué espectáculo más hermoso! ¿Qué son esos rayos que parecen estrellas que se dibujan sobre la superficie lunar?-

-Esos rayos brillantes alrededor de los cráteres, se ven como huellas, y tienen de 8 a 16 kilómetros de ancho que se extienden por cientos de kilómetros sobra la superficie de la Luna- le contestó Maraat, quien parecía el más experto en nuestro satélite.

-¡Cuántos cráteres se ven!- exclamó Gabriel.

-Sí, sobrepasan el millón- dijo Maraat, con cierta suficiencia, pero sin vanidad. -Sus paredes son de unos 3 kilómetros y algunos de 240 kilómetros de diámetro.-

-¿Y esto parecen montañas!- dijo Gabriel entre exclamación y pregunta.

-¡Sí, son montañas, con grandes inclinaciones, y muy altas. Semejantes a las cordilleras de los Alpes o de los Apeninos, de tu tierra. Tus científicos también las bautizaron con el mismo nombre- explicó Maraat.

_¿Y esas quebradas?, parecen muy profundas, ¿verdad?- continuó preguntando Gabriel.

-¡Sí, y por cierto muy anchas!, entre una pared y otra hay cerca de un kilómetro en algunos casos- dijo el experto.

-Sé que no hay agua en la Luna, pero parece un mar- comentó Gabriel.

-Es cierto, son zonas planas, hay mucha área plana en la Luna- contestó Maraat.

-¿Vamos a bajar?- ingenuamente preguntó Gabriel.

-Solamente pasaremos al ras de las montañas para que tengas una visión más espectacular, sin embargo no alunizaremos, como sabrás la atmósfera de la luna no nos

permitirá ni a ti ni a nosotros bajar de la nave sin equipos.
Está compuesta por una combinación de substancias químicas
conocidas por ustedes como Hidrógeno, Helio, Neón y
Argón.

-También la abundancia de polvo lunar es
perjudicial tanto para ti como para nosotros. Aunque si
quisiéramos podríamos usar los equipos necesarios, pero no
es nuestro objetivo en esta ocasión- dijo Maraat.

-¿Cuánta distancia hay entre la Tierra y la
Luna?- preguntó Gabriel.

-Siempre usando tus medidas de longitud, hay
385.000 kilómetros promedialmente, porque como la órbita
de la Luna alrededor de la Tierra es elíptica, hay distancias
mayores y menores- concluyó Nacor.

Al concluir el paseo alrededor de la Luna,
Nacor dijo:

-¿Ves la soledad de la Luna? Parece que el
hombre intenta hacer igual a su planeta. Tú debes ser un
reformador para contribuir a la preservación de tu Tierra.

-Enséñales a evitar las explosiones nucleares,
las guerras químicas, las contaminaciones de ríos y arroyos,
los basurales desorganizados, los plásticos esparcidos por la
tierra y las aguas, la destrucción de animales, la extinción de
las especies, la destrucción de la flora, todo ello conlleva a
destruir tu hermoso planeta.

-Pero tú y mucha gente buena de tu planeta
pueden evitar que la Tierra termine con una imagen de

soledad y devastación como la que te sugiere la Luna, porque ese no es el destino de tu planeta.-

CAPITULO IV

EL CONSEJO DE TRIPULANTES

AÚN EN LA NAVE, después de dar una órbita completa alrededor de la Luna, los cinco tripulantes se sentaron en consejo. Quedó inmediatamente en evidencia que quien presidía era Nacor.

El objeto del consejo fue repasar las instrucciones que se habían impartido a Gabriel, y estudiar la forma de su aplicación para el beneficio de la gente.

Nacor comenzó refiriéndose a la esclavitud. No sólo reiteró lo que ya había dicho sino que comentó además:

-La esclavitud de tu gente no fue sólo cosa del pasado. Ahora también tienes esclavos. Los obreros que trabajan años sin posibilidades de superación. Los obreros que se les inculca lealtad a sus patrones y no dejan sus empleos por una oportunidad mejor.

-Los que se hacen ricos haciendo pobres.

-También las grandes empresas financieras, tienen esclavos a tu gente endeudando, no sólo a quienes tienen dinero, sino que ahora también a los más carenciados, y tu gente voluntariamente se ata a las deudas, generándose con tu pueblo casi la misma situación que con los señores feudales, o los conquistadores. Ese fenómeno avanza y avanza en todo tu planeta. A tal punto es esclavitud, que establecen las pautas en los gobiernos, y deciden en la administración.

-Los consumidores de drogas, de tabaco y de alcohol, también son esclavos de empresas gigantescas que tienen muchísimo dinero, ganado con mentiras, a costa de la salud de la gente, y a veces aún de su sangre. Estos gigantes, utilizan la prensa en cualquiera de sus formas para estimular su consumo, mintiendo, mostrando vigor, cuando en realidad se lo pierde; mostrando hermosura, cuando en realidad su uso está rodeado de olores nauseabundos; mostrando gran personalidad, cuando sus consumidores en realidad son débiles y dependientes; mostrando armonía y paz, cuando en realidad es todo lo contrario, porque su consumo produce desequilibrios nerviosos y mentales. Eso también es esclavitud.-

Entonces habló Boor Taté, el anciano:

-A veces el hombre es su propio esclavo,
a sí mismo se impone ciertos hábitos,
ciertas costumbres, ciertas obligaciones
que lo esclavizan quitándole libertad.

El alcohol, el cigarro,
la automedicación,
o el consumo de ciertas drogas,
quitan libertad al hombre,
y menoscaban su personalidad,
derrumban su carácter,
y menguan su salud.

El hombre común no lo reconoce,
sólo el sabio sale de ellos;

a veces lo reconoce,
pero necesita el valor del fuerte
para salir de ellos,
e intenta, pero muchas veces
permanece esclavo,
porque también necesita
la luz del sabio.

Las costumbres que él mismo se forma,
a veces también lo esclavizan,
quitándole movilidad y tiempo
para la espontaneidad.
Las costumbres son buenas,
hasta que no se tornan inmutables.

También el sentido del deber,
a veces llega a esclavizar al hombre.
Lo esclavizan cuando los deberes
son mayores que las satisfacciones;
cuando las obligaciones le consumen
sus horas de paz del hogar,
o no le dejan tiempo para sí mismo.

Es esclavo si sus deberes
le roban el tiempo
para su propia distracción,
o para su refinamiento,
o para el desarrollo de sus talentos,
o para su propia paz.

Es esclavo si las obligaciones
pueden más que él,
si están gobernando las horas de su agenda,
si están consumiendo los días de su vida.

Es doblemente esclavo,
si no ve crecer a sus hijos,
o pierde comunicación en su matrimonio,
o ve que los años se le vuelan,
y mira para atrás,
y lo que verdaderamente importa,
ha quedado de lado.-

-Necesitamos discutir como Gabriel puede aplicar estas enseñanzas entre su gente- propuso Shinna.

-Escribiendo un libro- sugirió Naaré, el más joven.

-No tengo el talento- replicó Gabriel.

-Pero puedes dar tus apuntes a un amigo, y él podría hacerlo- volvió a hablar Naaré.

-También podrías dar conferencias sobre estos temas, y podrías enriquecerlos con tus nuevos conocimientos del espacio- fue la sugerencia de Maraat.

-Así lo haré- convino Gabriel

Otro tema que Nacor tocó en el consejo, fue el exterminio de los indios, y dijo:

-Tal vez te parecerá que es un tema de la antigüedad, y que nada se puede hacer al respecto. Sin embargo es mucho lo que puede hacer tu gente por los indios que aún viven.-

-En mi país ya no hay indios- dijo Gabriel creyendo que Nacor estaba en un error.

-Eso es lo que tu crees- respondío Nacor, -por mucha de tu gente aún corre sangre indígena.

-Ellos, los indígenas, los dueños de la tierra, masacrados cruelmente, por quienes hoy tu gente honra como a héroes. Esas son manchas de tu nación que alguien tiene que quitar.-

-¿Qué sugerimos?- dijo la mujer.

-La sangre derramada-, dijo Naaré, -no se puede limpiar, ni con leyes, ni decretos, ni amnistías, ni pactos. Pero los gobiernos pueden demostrar interés de resarcir los daños, y restituir la verdad.

-También pueden quitar honor de héroes a quienes los exterminaron, y a quienes mandaron exterminarlos- dijo Nacor.

-Deben restaurar la cultura de sus ancestros, sus artesanías, sus costumbres, sus danzas, su lengua. La que mal llamas Madre Patria, posee mucha de esa información.

No profanen más sus lugares sagrados, respeten sus tumbas y cementerios, que sean protegidos y conservados- concluyó Nacor.

-¿Por qué tanto interés por los indios?- se preguntó Gabriel en voz alta.

Dijo Naaré: -No es sólo interés, es justicia. Tu nación tiene esa mancha que pesará a través de los siglos si no se expurga.-

Entonces dijo Boor Taté, el anciano:

-Yo tengo cariño por esa gente,
por todos los indígenas del continente;
son hijos de Abraham, padre de Isaac,
y partícipes de su convenio.
Conozco su historia,
sus apogeos y sus ocasos,
su origen y su destino,
al final florecerán como la rosa.-

Mientras se desarrollaba el consejo, el tiempo transcurría y la nave continuaba su curso, pero Gabriel ignoraba hacia donde.

Cuando llegaba el momento de alimentarse, a Gabriel se le servían los mismos alimentos que a los de la tripulación, extraños para él, pero muy apetecibles.

Al llegar la hora de descansar, todos dormían, descansando poco menos que un tercio de su día, y su día consistía en una rotación de Kókom sobre sí mismo, cuyo tiempo era muy similar a un día de la Tierra.

Mientras dormían, parecía que la nave se detenía en el espacio.

Las costumbres de ellos en la nave, no le causaron más asombro que los extranjeros a quienes con frecuencia Gabriel alojó en su casa, excepto por su seriedad en ritos religiosos, con meditación, oración, y canto, con los que comenzaban cada mañana como devocional.

A Gabriel no se le invitaba, pero tampoco se lo excluía, si deseaba estar presente. Nunca procuraron imponerle nada, sólo buscaron el mejor momento y el mejor lugar para enseñarle y hacer que inteligentemente comprendiera lo que enseñaban. Cada vez que Gabriel razonaba y comprendía cada idea, la adoptaba como suya propia.

En muchas ocasiones se llevaba a cabo el Consejo de Tripulantes, y de hecho era a la actividad que más tiempo se le dedicaba dentro de la nave. Los métodos pedagógicos de la tripulación eran muy familiares a los conocidos por Gabriel, aunque en la enseñanza no se limitaban a las ayudas de audio y visión, sino que todos los sentidos participaban en la enseñanza, siendo muy semejantes a sus experiencias de realidad virtual.

CAPITULO V

EL VIAJE HACIA MARTE

LA NAVE CONTINUABA SU VIAJE, y para Gabriel el tiempo parecía como que hubiera dejado de ser, no se medía entre días y noches, sólo eran períodos de tiempo medidos entre sueño y sueño.

La nave seguía su rumbo, desconocido para Gabriel, hasta que de pronto se anunció entre la tripulación:

-¡Nos estamos aproximando a Marte!-

Recién Gabriel comprendió hacia donde se movía la nave. Iba en sentido opuesto al Sol, cada vez se alejaba más del Astro Rey, quedando atrás las órbitas de Mercurio, Venus y de la Tierra, y ya estaban dentro de la órbita de Marte.

Gabriel observó el visor espacial, y quedó extasiado por el espectáculo al acercarse a este planeta.

-¡Qué maravilloso!- exclamó asombrado Gabriel.

Entonces Shinna, quien pareciera que era la especialista en este planeta, comenzó a instruir y a satisfacer la curiosidad de Gabriel:

-Marte está a unos 57 millones de kilómetros de la Tierra, en su aproximación más cercana. Un día marciano es muy semejante a un día de la Tierra, demorando su rotación sobre sí mismo un poco más de media hora de lo que demora la Tierra, pero sin embargo un año de Marte equivale a 687 días, casi el doble de un año de tu planeta.

-Desde donde estamos,- dijo ella, -puedes ver a las dos lunas del planeta que ustedes llaman Marte. El satélite más grande, tus científicos lo llaman Fobos, y puedes ver su forma irregular, que está cubierto de cráteres. Su órbita alrededor de Marte dura 7 horas y 39 minutos.-

Entonces interrumpió Gabriel y dijo:

-¿Así que en un día de Marte su luna le da tres vueltas a su alrededor.-

-Sí, aproximadamente- respondió Shinna. Y luego prosiguió:

-El otro satélite más pequeño, con muy pocos cráteres, ustedes lo llaman Deimos.

-¡Qué maravilla!, ¡qué panorama tan asombroso!- exclamaba Gabriel.

-Ahora nos acercaremos más a su superficie- dijo la mujer, con su voz bondadosa y dulce.

Una vez que estuvieron muy cerca de la superficie del planeta, aumentó más el asombro de Gabriel, quien dijo:

-¡Parece un desierto, tan solitario como el de la Luna! Se parece a algunos lugares inhóspitos de la tierra, con muchas rocas, pero con nieve.-

Ante este breve comentario cargado de emoción y asombro, Shinna intentó proseguir con la instrucción a Gabriel, pero este interrumpió:

-¿Cómo es el tamaño de Marte comparado con la Tierra?-

-Su diámetro es casi la mitad de la Tierra, mide 6.794 kilómetros- contestó Shinna.

-Me imagino que no descenderemos acá tampoco- dijo Gabriel.

-No, su atmósfera está constituida por dióxido de carbono. Y el planeta tiene los siguientes elementos constituyentes: hierro, magnesio, silicio, aluminio, azufre, potasio, hidrógeno, oxígeno, y níquel. Además sus temperaturas son muy bajas, llegando las mínimas a 93 grados centígrados bajo cero, aunque las temperaturas máximas llegan a 27 grados centígrados sobre cero- contestó Shinna, con mucha precisión en la información.

Toda esa información le parecía asombrosa a Gabriel, pero él estaba más interesado en lo que podía ver, en lo que era visible, como la apariencia del planeta.

Mientras sobrevolaban al planeta, Gabriel preguntó:

-Parece como la Tierra, ¿son dos casquetes polares?

-¡Sí!, son dos casquetes polares semejantes a la Tierra- contestó Shinna

-¡Parecen montañas lo que se ve allá!, exclamó Gabriel.

-Si lo son, Marte posee tres cadenas montañosas, y puedes apreciar en su cima nubes blancas. Una de esas montañas tiene una extención de 600 kilómetros, y una altura de 26 kilómetros. También en su superficie se encuentran enormes fallas de hasta 75 kilómetros de ancho por 7 kilómetros de profundidad.- dijo Shinna, con su gran conocimiento del planeta.

-¿Qué es ese color rojizo, que tiene?- preguntó Gabriel.

-Es debido a la constitución del planeta. Lo que ahora estás viendo son nubes muy grandes de tormentas de polvo.- contestó Shinna.

-Puedo ver muchos cráteres, valles, llanuras, volcanes gigantes, causes secos que dan la impresión de antiguos ríos.- comentó Gabriel.

-Su hemisferio norte tiene muchas llanuras, pero su hemisferio sur está poblado de cráteres.- concluyó Shinna.

La conversación entre Gabriel y Shinna fue extensa, pero para Gabriel le pareció un breve momento, ya que todo era maravilloso para él. El resto de la tripulación no intervino a fin de no cortar el entusiasmo y el asombro de Gabriel.

-Nuestro viaje continúa, debemos aprovechar la época en que casi todos los planetas están en su menor distancia. Este año es el viaje más corto para visitarlos a todos, ya que todos logran su mejor aproximación entre sí con pocas excepciones, pues de lo contrario tendríamos que volver detrás del sol para recorrer algunos si no lo hacemos en esta época del año, y en este año.- intervino Nacor, dando por finalizada la expedición a Marte.

La visita a Marte le pareció como una proyección del futuro de la Tierra si la gente no cambia la manera de tratarla. Le inspiró a cuidar más a su hermoso planeta, y confiaba en que se revertiría la actitud de sus habitantes.

En la meditación de Gabriel, consideraba cuánto se había enriquecido su vida, cuánto había aprendido al viajar por el universo, y al escuchar a sus amigos del Planeta Azul.

Al comenzar un nuevo día, después de las prácticas normales de la tripulación, invitaron a Gabriel para continuar con el Consejo de Tripulantes.

Esta vez fue Shinna la que comenzó con su participación en el consejo, luego de que Nacor lo dio por comenzado:

-No entendemos como en tu planeta pueden perseguirse y aún matarse por ideas políticas, religiosas o filosóficas. No entendemos tanta maldad en tu gente. En tu continente, tantas muertes por ideas políticas; no pueden confiar en las decisiones de los pueblos, no tienen reyes, no

hay tiranos, son gobiernos elegidos por el pueblo, y hay tanta
falta de respeto a la decisión del pueblo.

-Ningún fin bueno justifica medios tan
perversos, matando a campesinos, y a gente inocente, sólo
por procurar ideales, que al teñirse de sangre, dejan de ser
ideales.

-Ningún fin noble justifica la muerte de ningún
inocente, y mientras los pueblos procuren hacer justicia por
mano propia, ignorando la potestad de los jueces, será
imposible que encuentren la paz.-

Entonces habló el anciano Boor Taté:

-Tu pueblo se desangra ante la intolerancia,
ante las persecuciones.
Enseña a tu gente
a no usar la fuerza ni la violencia
para imponer sus ideas,
que usen la paz y la razón
para promoverlas;
porque si usan métodos incompatibles
con la paz y la razón,
que los cambien,
porque así nunca alcanzarán sus ideales.

Porque medios y propósitos,
caminarán juntos,
o a ningún lado llegarán;
sólo el dolor, la desgracia y la muerte
será el fruto.-

Naaré, el joven, intervino, con madurez en sus opiniones:

-Tampoco son comprensible las persecuciones religiosas. Es una contradicción a la razón. La religión debiera inspirar amor entre los semejantes, y el odio es una negación de la fe.-

Entonces Maraat, con mucha firmeza y convicción dijo:

-Y el odio entre razas o nacionalidades, no lo puede concebir la inteligencia. Entre seres civilizados ya debiera haberse extinguido tal actitud. El racismo y la xenofobia reflejan inmadurez, poca inteligencia, y limitaciones personales, ya que no hay ninguna explicación lógica para la falta de convivencia pacífica entre los seres humanos, o al odio, o al menosprecio por el color o la nacionalidad. Las almas grandes lo han superado.-

-El alcohol u otras drogas que tu gente usa, son los compañeros de todo lo absurdo, de sentimientos de odio, y de actitudes como las mencionadas en este consejo.- afirmó Nacor.

-¿Y qué sugerimos?- dijo Shinna,

-La proclamación de la verdad y la razón, causa más efecto en la gente que lo que se impone con la fuerza de los ejércitos.- dijo Maraat.

Entonces habló el anciano:

-El alcohol y las drogas

caminan junto con la soledad,
con la pobreza,
con el odio y la muerte,
y han enviado más gente a la tumba,
que todas las guerras en el mundo,
ya directa, ya indirectamente.-

-¿Cómo aplico lo que me enseñan?- preguntó
Gabriel.

-No te podemos decir los métodos, queda
librado a tu arbitrio y a tu creatividad. Nosotros te enseñamos
los principios y tú y todos los que quieran ayudarte
encontrarán la manera, si los tienen bien claros-, concluyó
Nacor.

El anciano Boor Taté, cerró el pequeño
Consejo de Tripulantes, con su sabiduría:

-Tu gente no asume responsabilidades,
es el reino de la hipocresía,
cada cual hace, y simula que no lo hizo.
Podemos controlar nuestras acciones,
pero las consecuencias son incontrolables,
y debemos enfrentarlas.

Podemos ocultar nuestras acciones,
pero no podemos
ocultarnos de ellas,
ni tampoco de sus consecuencias.

Por cada acción, una consecuencia;
cada consecuencia,
por una acción.

En tu mundo se quejan,
pero sus vidas
son la consecuencia de sus acciones,
o de la ausencia de ellas.

Cambien las acciones,
y cambiarán la vida;
cambien persecuciones
por tolerancia,

fanatismo
por coherencia.

Apaguen la sed de justicia,
con el agua fresca de la misericordia;
el fuego del racismo,
con el rocío de la comprensión;
la hoguera del odio,
en la fuente del amor;
la llama consumidora de los vicios,
en el remanso quieto del autodominio.

Entonces la vida será espléndida,
y la paz correrá
como un río en tu planeta.

CAPITULO VI

UN ESPÍRITU MÁS REFINADO

EL VIAJE INTERPLANETARIO continuó. Después de la experiencia en Marte, y la reunión, cada uno de los tripulantes se fue a realizar sus tareas habituales dentro de la nave antes de irse a dormir.

Se dormían no porque fuera la noche, ya que el término día y noche, en el espacio carecía de sentido, sino que respetaban su reloj biológico, y las horas de sueño eran inviolables, a menos que ocurriera una emergencia.

Gabriel descansaba plácidamente en su recamara. No tenía problemas con la ingravidez natural en el espacio, ya que la nave disponía de un sistema propio de gravedad, cuyo funcionamiento Gabriel desconocía.

A la mañana siguiente, o mejor dicho, al comienzo de un nuevo período de tiempo, participó con ellos en todos sus ritos. Se fue creando con el transcurso del tiempo más amistad con los tripulantes.

Después de varios períodos de tiempo, Gabriel supo que Nacor y Shinna eran esposos, y que Naaré era hijo de ellos.

Inmediatamente de terminados sus devocionales, invitaron a Gabriel a otro consejo; parecía como que tenían prisa por capacitarlo.

Como siempre Nacor presidió y pidió a Maraat que comenzara.

Entonces dijo Maraat:

-Hasta ahora hemos estado ampliando y concluyendo los temas que en tu planeta te trasmitió Nacor. Ahora pensamos que tu espíritu está más refinado, sin saberlo has vencido en ciertas pruebas durante este tiempo en el espacio.

-Tu admiración por el universo, aumentó tu admiración por el Creador. Tu amor por tus semejantes pulió tu corazón; y tu conocimiento y tu autodominio, han purificado tu alma. Podemos hablar de cosas nuevas. Hay temas que no estamos autorizados a declararte, pero la vivencia de buenos principios te prepararán para recibir cosas mayores en el momento oportuno en tu planeta. Sin embargo aún hay muchos asuntos para tratar contigo en este consejo.-

Seguidamente, Shinna comentó:

-¿Por qué tanto estrés entre tu gente? No saben que en el universo hay una ley de causa y efecto, que por cada acción ya sea buena o mala, habrá una consecuencia en la propia vida, ya sea para traerle paz y crecimiento, o para traerle pesar y remordimiento.

-Mucho del estrés de tu gente es producido por su conciencia que no les da paz.-

Entonces dijo Naaré:

-Muchos recurren a sicoanalistas, y por un error de formación en su profesión, muchos no están habilitados para aliviar la carga de la gente. No enseñan a abandonar la maldad y los errores, enseñan a vivir con la maldad y los errores a cuestas, y así, siempre tendrán pacientes. Quieren neutralizar la conciencia, hacer caso omiso de la luz interior de cada persona, y la humanidad así no mejorará.

-Mientras no se enseñe a vivir en rectitud, aconsejar al que se desvía a que retome el buen camino, al pervertido a restituirse, la humanidad se degenerará si los que aconsejan, aconsejan a seguir cualquier impulso bajo, mundano o degradante a pesar de la conciencia.

-La conciencia es luz, es lo que guía al individuo a no vivir como las bestias, es lo que inspira al bien, y la paz sólo viene si no vivimos en su contra.

-Mientras tus sicoanalistas no guíen a la gente a la decencia, a lo moral, a lo virtuoso y bueno, ninguna ayuda serán para la humanidad, serán sólo los propagadores de las maldades que hay en el mundo, dando licencia para seguir haciendo el mal.

-Si el homosexual va al sicoanalista, mientras no se le ayude a abandonar su mal hábito, no se le ayudará. Que viva a pesar de su conciencia, ningún bien le hace, sólo se contribuye a la degeneración de la humanidad, y una sola generación de homosexuales, destruiría a la raza humana de tu planeta.-

La exposición de Naaré fue extensa, Gabriel no intervino ni preguntó, comprendió cabalmente el mensaje.

Le pareció fácil también como aplicar ese conocimiento una vez vuelto a su planeta.

Después de Naaré, intervino Shinna diciendo:

-Otro gran problema en tu generación es que no utilizan todos sus conocimientos de medicina para curar a un enfermo. Consideran gastos antes que vidas, han puesto precio a la vida humana. ¿Cuánto vale un ser humano?, ¿puedes fijarle un precio? Y si es tu hijo o tu hija, tu cónyuge, tu padre o tu madre, o tu hermano o tu hermana, ¿cuánto vale ahora? Cada persona tiene mucho valor, que no se mide en valores terrenales.

-Cada persona tiene el derecho a la vida, y a que se utilicen todos los conocimientos revelados en la ciencia para preservársela. No deben hacer discriminaciones, quien puede y quien no puede pagar. Deben buscar los medios para que cada individuo de tu planeta sea heredero de tanto conocimiento y adelantos logrados. No deben poner valores inalcanzables para tanta gente por esos servicios. Debiera ser el deber de los estados, como lo es de los padres, cuidar la salud y vida de sus hijos y ver que reciban lo mejor. Es un deber que no se puede delegar.

Y Maraat acotó lo siguiente:

-Lo que tus médicos llaman medicina sintomática, parte de un error que perjudica a la gente. Los síntomas son buenos, son alertas que da el organismo de que en alguna parte hay alguna enfermedad, los síntomas no son en sí la enfermedad. La fiebre alta no es la enfermedad, el dolor no es la enfermedad, es una consecuencia, es una alerta, y si tus médicos a sus pacientes le quitan los síntomas, el paciente agradece, pero al mal permanece, y tal vez más tarde sea irremediable.-

-¿Qué puedo hacer?, preguntó Gabriel.

Entonces le dijo Naaré:

-Enseña a combinar conocimientos con grandeza, saber con sabiduría. Porque lo que te enseñamos es porque se está degenerando la medicina en tu planeta.

-El conocimiento aumenta, y es admirable lo que han logrado en esa área, pero algunos profesionales están perdiendo grandeza. Están haciendo de la medicina un comercio, en las formas más degradantes que se puedan concebir.

-A aquellos profesionales que se mantengan íntegros, les será revelado mayor conocimiento, y serán amados y respetados por la humanidad-.

Entonces habló Boor Taté:

-Tú labras tu propio destino;
el destino es la consecuencia de tus acciones,
es el premio de tu bien,
o el pesar de tus errores.

La felicidad no es una casualidad,
es una consecuencia;
también la amargura
es la consecuencia de malas acciones,
o de la ausencia de todo lo bueno.

Hay una ley de causa y efecto
que opera en el universo;
tu puedes cambiar tu destino
si no te complace por donde vas.

Puedes estar en adversidad
y sentir paz,
o no tener infortunios,
pero tampoco tener sosiego.

La felicidad no es casualidad,
tampoco el pesar es un destino;
con tus acciones labras tu felicidad,
o tramas la maraña de tus angustias.

Parecía como que el anciano hablaba de otra cosa diferente de lo que expusieron sus compañeros, pero Gabriel en su meditación, y en los momentos tranquilos cuando escribía los diálogos que se producían en la nave, pudo comprender cómo el anciano concluyó con el mismo tema que comenzó Shinna.

Después de un refrigerio dentro de la nave, continuaron con el Consejo, y fue el anciano quien habló:

-Lo bajo y lo mundano,
lo vulgar y lo obsceno,
ahora en tu planeta
pretenden hacerse buenos
por lo que llaman libertad de prensa,
pero libertad sin normas
es cual fuego sin límites.

Lo bueno es bueno,

y lo malo es malo;
aunque pasen los siglos,
aunque en todo tu planeta
opinen al revés.

La verdad no se altera
ni por disposición expresa de los hombres;
ni de los fuertes, ni de los débiles;
ni por decisión de los gobernantes,
ni por imposición de los ejércitos;
la verdad es la verdad,
y no cambia porque es la Verdad,
y es universal,
y es Eterna.

Parecía como que el anciano quería decir más, y se quedó en silencia como presagiando algo malo. De pronto una luz intermitente comenzó a titilar y se activaron las alarmas, y toda la tripulación comenzó a correr y a ocupar sus lugares dentro de la nave.

Todos hablaban en su propio idioma, y Gabriel no sabía lo que pasaba, sólo comprendía que algo no estaba bien, y comenzó a invadirle una gran ansiedad, pero nadie podía atenderlo, ni escucharlo.

Pasaron largos minutos hasta que Gabriel pudo observar por el visor espacial una gran mole, asombrosa, que se dirigía hacia la nave. Gabriel pudo comprender que el temor de todos era no sólo chocar con el meteorito, sino que una vez que pudieran salirse de su curso, la estela de gases que dejaba pudiera dañar el funcionamiento de la nave.

Fueron minutos de tensión, nada más que minutos, pero fueron largos, y no pasaban, hasta que toda la tripulación comenzó a gritar y a festejar, y Gabriel se unió a ellos. Y una vez que todo estuvo en calma, le explicaron lo que había sucedido, y se disculparon por hablar en el idioma de ellos en su presencia. A Gabriel no le resultó extraño su lenguaje, más bien con cierta dulzura y con sonidos semejantes a algunas lenguas de la tierra, y que a pesar de la tensión, no reflejó descontrol, ni falta de cortesía.

Después de festejar, no continuaron con su reunión, sino que cada uno se fue a realizar sus ratos de meditación, tal vez con un espíritu lleno de gratitud por haber salido sin problemas ante una situación límite tan estresante.

CAPITULO VII

LA FUERZA DEL AMOR

EL VIAJE PROSIGUIÓ, y le dijeron a Gabriel que pronto llegarían a la órbita de Júpiter, pero que mientras tanto debían continuar con el Consejo de Tripulantes.

Desde la última experiencia estresante que vivieron en la nave, no habían dedicado tiempo a ninguna otra actividad planeada hasta el momento, recién después de dos o tres períodos de tiempo reanudaron los Consejos de Tripulantes.

Esta vez Nacor no participó en la reunión, parecía que debía verificar algunos controles en la nave, parecía que quería evitar otra experiencia similar a la que vivieron con el meteorito.

Este consejo lo presidió el anciano Boor Taté, quien le pidió a Naaré que comenzara con su exposición del tema para esa reunión:

Y Naaré dijo:

-¿Por qué tanta violencia en tu planeta? Algunos la utilizan para robar, otros por el efecto de sustancias tóxicas han embotado su inteligencia y alterado su sistema nervioso, otros porque el odio dominó su corazón y no dejaron lugar para el amor, otros porque se sienten tan carentes de cariño que perdieron su auto estima y se asemejan a las bestias, otros porque no han logrado el autodominio mínimo y no pueden refrenarse y dejan que la ira gobierne sus vidas, pero todos ellos son tus hermanos.

-Toda violencia cesa si hay aumento de la auto estima, si se enciende la chispa del amor.

-No permitas que ningún niño crezca sin sentirse amado por una familia.

-No permitas que ningún joven madure sin sentirse integrado a la sociedad. Ámalos, y enséñales a tus semejantes a amarlos. La juventud es maravillosa, responderán a tu amor y te recompensarán amándote.

-Si pudieras enseñar a tu gente a no romper familias, a fortalecer los vínculos familiares, a aceptar responsabilidades asumidas en el altar, la consecuencia será más amor en tu planeta.-

Entonces intervino Shinna, diciendo:

-Hoy te diremos algunas cosas que causan por efecto algunos males que padece tu sociedad.

-La televisión sin control, genera mucho del mal en tu sociedad. Su influencia negativa causa efectos duraderos. Al igual que la música sin selección sabia, pueden causar sentimientos opuestos a los anhelados en el hogar, tanto a los hijos como a los padres. Pueden hacer nacer el odio, deseos bajos, la pérdida de la autoestima, o la pérdida de valores. Hay tantos programas buenos y edificantes y tanta música inspiradora en tu planeta, canciones llenas de dulzura y de verdad, que bien puedes con ellos reemplazar a lo vulgar.-

Entonces habló Maraat:

-La homosexualidad es un mal que avanza en tu planeta. En una sola generación de homosexuales, se acabaría la existencia humana en tu Tierra. Es el colmo de la depravación. Cualquiera de sus reclamos están basados en lo absurdo.

-Lucha contra el divorcio, que es la enfermedad de tu generación. El asumir responsabilidades, el fortalecer los lazos familiares, el perdón y la tolerancia mutua, el cultivar el amor y mantener el noviazgo en el matrimonio, vencer el egoísmo y egocentrismo, el refinarse permanentemente y mantener la fidelidad mutua, evitarán este mal, y la familia permanecerá junta como una unidad indestructible, de amor, de protección y de gozo.

-Entonces la paz en tu planeta retornará, la fuerza del amor, puede más que el odio y la violencia.-

Después de una pausa prolongada, habló Naaré:

-No pretendas combatir violencia con violencia, como no puedes combatir fuego con fuego.

-Necesitarás cárceles, pero necesitarás dignidad en las cárceles. Las cárceles no pueden ser un antro de perdición, debiera ser un lugar mejor del que vivían los que ahí deban estar hasta su reformación.

-Las cárceles debieran ser un lugar de enseñanza de principios correctos, de inspirar virtudes que antes no tenían los que ahí llegan.

-No se debiera permitir en las cárceles, ni drogas, ni inmoralidad, ni falta de respeto. Debiera ser un refinamiento del espíritu, y no una degradación del alma.-

Gabriel pensó, ¿por qué tantos temas aislados?, pero en la misma reunión con las ayudas pedagógicas que utilizaron, y visiones de realidades, semejantes a nuestros videos, Gabriel comprendió que todos los temas estaban unidos, y captó lo que se le quería enseñar, y lo que se esperaba de él una vez vuelto.

No preguntó nada, Gabriel observó absorto lo que se decía y se mostraba en el Consejo de Tripulantes. De pronto se anunció que se terminaba la reunión, y se invitaba a Gabriel a observar el visor espacial.

-¿Esto es Júpiter?-, preguntó con asombro Gabriel.

-Así es-, le contestó Maraat.

-¡Qué asombroso se ve desde acá! ¿Qué son esas franjas que tiene?- Exclamaba y preguntaba Gabriel.

-Son anillos, compuestos de polvo y roca que se acumulan en su superficie-, explicó Maraat con seguridad en el tema.

-¿Descenderemos a su superficie?- quería saber Gabriel.

    -No será posible, Júpiter es un planeta líquido compuesto entre otras sustancias por hidrógeno y helio. Es el planeta más grande del sistema solar, aproximadamente 1.300 veces más grande que la Tierra donde vives, y más grande que todos los otros planetas del sistema solar juntos.- le dijo Maraat.

    -¿Podremos verlo de más cerca?- preguntó Gabriel revelando su ignorancia de la constitución del planeta.

    -Tendremos una visión mejor de su superficie, con nuestros equipos, pero no nos acercaremos mucho más.- dijo Maraat.

    -¡Qué maravillosa vista, qué espectáculo! ¡Qué cantidad de lunas que tiene!- No paraba de exclamar Gabriel maravillado con todo lo que se le presentaba ante sus ojos.

-Júpiter tiene muchas lunas, las que ves y otras en su otra cara. Tus científicos han identificado a 16 de las lunas de este planeta. Son muchas y con características muy variadas unas de otras, algunas son volcánicas, otras heladas, otras con excesivos cráteres, y otras son de superficies tan lisas como un huevo.

-Un año de Júpiter equivale aproximadamente a 4.330 días de los de tu planeta.-

Al acercarse la nave a la superficie, a Gabriel le impresionó la constitución del planeta, y le pareció estar en la boca de un volcán gigante en plena erupción, con tantos gases flotando, y líquidos de diversos colores en continuo movimiento. Entonces manifestó que prefería continuar el viaje, pues le causó pánico ver de tan cerca la superficie del planeta.

Y así la nave prosiguió su rumbo cuya meta era aún desconocida para Gabriel.

El hecho de que Gabriel pidiera para continuar el viaje porque le causó pánico al acercarse al planeta, le causó gracia al resto de la tripulación. Comentaron que fue bueno para él que hicieran el viaje hacia los planetas opuestos al Sol, y no hacia los cercanos del astro rey, ya que no imaginaban la actitud de tendría Gabriel si visitaran a Venus, el planeta terrorífico.

Después de un rato de estar navegando por el espacio, Boor Taté llamó para continuar con la reunión ya habitual de capacitación. La experiencia vivida por Gabriel le causó tal impacto, que sin saberlo, fue aprestado para considerar los temas que seguidamente le enseñarían.

El anciano no dio la palabra, habló él para
dejar su mensaje, muy claro, muy conmovedor:

El gran secreto de la felicidad,
es que la felicidad
no tiene un secreto,
son muchos los secretos;
algunos ya los tienes,
otros los tendrás después,
y otros
al vivir ciertos principios
se te irán revelando
y tú mismo harás el descubrimiento.

Los secretos de la felicidad
son de causas y efectos,
lo bueno,
atrae lo bueno;
lo malo,
atrae lo malo.

La felicidad no es una posesión,
es un sentimiento;
tampoco es un capricho del destino,
es una consecuencia.

Los secretos de la felicidad
no están en tener,
sino en ser;
no están en poseer,
sino en dar;
no están en saber,
sino en vivir.

El odio y la violencia,
lo inmoral y degradante,
no son caminos a la felicidad,
porque la felicidad
no se engendrará nunca en la maldad.

El anciano con sus palabras llenas de sabiduría, dio por terminada la sesión.

Gabriel recibió el mensaje, entendió, amplió su visión, pero le inquietaba algo:

-¿Qué pasa con la violencia en mi planeta, en mi país? Todavía no tengo una solución.- no se contuvo y exteriorizó su preocupación.

Entonces habló Naaré:

-Hemos procurado enseñarte principios, y no detalles de cómo hacer las cosas. Los principios son mayores que las normas, que los detalles, aún que las leyes. Si recibes como tuyos los principios, si entiendes su razón y sientes su verdad, y vives conforme a ellos, entonces encontrarás muchas formas para aplicarlos entre tu gente. Pero si te enseñamos detalles, medios y no principios, no lograrás crecimiento, y será sólo nuestro el mérito, porque tu visión permanecerá limitada.

-Una vez recibidos los principios tendrás la visión para lograr que los medios alcancen al propósito.

-La violencia en tu país es una consecuencia, por haberse violado ciertos principios. Sólo puedes revertirlo, volviendo el corazón de los padres a los hijos y de los hijos a los padres. Es difícil con la generación actual, pero comienza con la generación naciente, procura que no hayan niños abandonados, madres solteras, hogares destrozados. Quita de tu planeta todo estímulo que fomente estos males, ahógalos para que dejen de existir. Si tu pueblo se une, estos estímulos negativos no podrán permanecer, porque necesitan el apoyo y muchas veces las ganancias que le provee la gente para propagarse.

-Pero si tu pueblo es indiferente, o los apoya, no hay solución para los males que se avecinan. Enfriar el amor de la gente, es la mayor desgracia para tu planeta, que trae como consecuencia el divorcio, hogares destrozados, niños abandonados, madres solteras, vicios degradantes de toda índole, violencia, desesperanza.

-No podrás legislar, la paz, el amor, el respeto, ni la bondad, debes enseñar a la gente estos valores.

-En las instituciones de enseñanza que hay en tu tierra, los gobiernos no han percibido aún la importancia de que se enseñen principios como el amor, la tolerancia, la honestidad, la virtud y otros valores.-

Entonces concluyó el anciano:

No puede haber paz,
en una sociedad sin valores,
no puede haber amor si no hay principios,
no habrá nobleza del espíritu,
si no se cultivó grandeza del alma.

Gabriel entendió, y comenzó a sentir deseos de volver para volcar toda la riqueza que estaba cosechando, en beneficio de su gente.

Hasta ahora no había extrañado a su familia más de lo que es natural. Ellos como él confiaban en que estaría ausente por un tiempo para capacitarse para servir mejor a sus semejantes, aunque desconocían como se haría esto, porque Gabriel no lo dijo abiertamente, porque así se le recomendó. El sacrificio que hacía le parecía pequeño, porque el tiempo pasaba tan rápido, y estaba lleno de experiencias tan excitantes, y lo motivaba la fuerza del amor por su gente.

CAPITULO VIII

DESPLIEGUE DE SABIDURIA

LA OTRA NAVE que Gabriel divisó antes de subir a esta, en la cual viajaba, era la que proporcionaba la información de la familia de Gabriel, a fin de que él pudiera verlos por los monitores de la nave, y no sentirse tan lejos de ellos, a pesar de estar viajando por el espacio.

Siempre fueron muy atentos a las necesidades de Gabriel, tanto sicológicas, emocionales o espirituales. Lo trataban como a un hermano, y él los sentía como sus hermanos, habiendo hecho mayor amistad con Nacor, pero también con Naaré, el más joven.

El viaje continuaba, y el espectáculo que Gabriel divisaba a través de la nave, era maravilloso. Comenzó a sentirse arrepentido de haber hecho tan breve la visita a Júpiter. Ahora estaba dispuesto a no perderse nada que sus amigos quisieran mostrarle del universo.

Fue así como deseó llegar a Saturno, tal como le anunciaron.

No mucho tiempo después, llegaron al planeta de los anillos.

-¡Qué belleza!- exclamó Gabriel.

-Sí, es el más hermoso- dijo Shinna.

-¿Qué son los aros que tiene alrededor?, preguntó Gabriel, revelando su limitado conocimiento del planeta.

-Los anillos alrededor del planeta, son satélites desintegrados. Tus científicos ya han identificado a siete de sus anillos. Cada uno de ellos es diferente. Uno de ellos es muy brillante, otro es transparente, y cada uno de ellos tiene sus propios anillos y divisiones-, dijo Shinna, a quien le tocó instruir a Gabriel sobre este planeta.

-¡Qué hermosos colores con tonalidades pastel que tiene! ¡Qué maravilloso! Háblame de este planeta tan hermoso-, pidió Gabriel.

El conocimiento que revelaron no fue más allá del interés de Gabriel, pero suficiente para causar su asombro.

-Un año de este planeta,- prosiguió Shinna, - equivale a 29 años y medio, aproximadamente, de los de tu

Tierra. Las nubes que ves, que se extienden en bandas anchas
y longitudinales, están compuestas de una mezcla de metano,
amoníaco y azufre. Su atmósfera está formada por una
neblina que has visto con tonalidades pastel. Su superficie se
compone de una capa de hidrógeno molecular, y por encima,
su gruesa atmósfera.

-Su temperatura superficial utilizando tus
medidas es de 185 grados centígrados.-

-Se observan desde acá muchos satélites-,
comentó Gabriel

-Sí, son más que los de Júpiter. En Saturno tus
científicos hasta ahora han identificado a 23 de sus satélites,
no obstante son más. Uno de sus satélites es el mayor del
sistema solar, a ése tus científicos llamaron Titán. Los otros
son muy diferentes unos de otros, en su superficie, y en sus
órbitas, curiosas algunas de ellas.- dijo Shinna, exteriorizando
entusiasmo por enseñar sus conocimientos.

-Parerce que ese planeta está en constante
movimiento, parece que todo gira en él-, fue una de las
observaciones de Gabriel, en su asombro.

-Sus anillos girando a gran velocidad, y los
vientos sumamente violentos de hasta de 1.800 kilómetros
por hora, y la densidad del planeta que es menor que la del
agua, causan esa sensación al observar a Saturno.- dijo
Shinna.

Después de girar alrededor del planeta por
varias veces, y de acercarse a su superficie, maravillado por

el espectáculo que presentaba Saturno con sus colores, sus anillos y sus muchos satélites, Gabriel preguntó:

-¿Podríamos visitar a una de sus lunas?-

-¿A cuál de ellas te gustaría ir?- le preguntó Shinna, mientras los demás estaban en sus otras ocupaciones dentro de la nave.

-A aquella que vemos allá- respondió Gabriel.

-A aquel satélite los científicos de tu Tierra lo han llamado Dione, y es el más denso después de Titán.
Una vez que llegaron a Dione, le causó asombro a Gabriel su superficie tan irregular cubierta de cráteres. La vista que se observaba desde este satélite, viendo a muchos de los demás, y el espectáculo de los anillos con sus luminosidades, causó un impacto imborrable en Gabriel.

Por alguna razón que Gabriel desconocía, en ningún planeta se acercaron demasiado a su superficie, pero sí lo suficiente para maravillarse de su estructura, pero esta vez la nave se detuvo sobre Dione, y aunque no descendieron de la nave, permanecieron allí como aguardando algo.

Le comunicaron a Gabriel que había otra nave en Titán, la mayor luna de Saturno, y que debían ir hasta allá.

El encuentro entre las dos naves se realizó en Titán, lo que le pareció a Gabriel como otro planeta, y se le informó que este satélite, el más grande del sistema solar, era el satélite de Saturno de mayor densidad.

Era extraño ese encuentro, y el corazón de Gabriel estaba excitado, y ansioso por saber que ocurría, pero cuando ellos trabajaban en sus funciones dentro de la nave, Gabriel sabía que no debía interrumpir. Cuando ellos trabajaban, Gabriel escribía, o meditaba, o se ponía a observar por el visor espacial las maravillas del universo.

No se le permitió a Gabriel descender, debió quedarse en su recámara. Aunque no lo vio supo que hubo un intercambio de tripulantes. Pasó a la otra nave Maraat, e ingresó a su nave otro tripulante, se cerró la escotilla y partieron las dos naves con rumbos diferentes en el espacio.

Después que partió la nave, Gabriel pudo salir de su recamara, y se le presentó un hombre maduro, pero con espíritu jovial, de pelo y barba blanca como la nieve, de ojos verdes claros, y más alto que los demás, quien dijo llamarse Amalot, e hizo sentirse a Gabriel querido e importante.

Todos lo recibieron dentro de la nave con alegría, y lo trataban con respeto, pues su personalidad irradiaba autoridad, confianza y cariño. No lo llamaban por su nombre, sino que le decían Maestro.

La nave continuó su viaje, y Gabriel observaba como todos ponían mucha seriedad en la misión, aunque él no podía comprenderla cabalmente. Tampoco entendía por qué el cambió de tripulantes, pero siempre fue respetuoso como invitado dentro de la nave, y no preguntaba lo que suponía que no debía preguntar.

No pasó mucho tiempo antes de que Amalot entrase en acción. Era tan sabio como el anciano Boor Taté, aunque un maestro por excelencia. No enseñaba en los

Consejos de tripulantes, invitaba a Gabriel a observar el universo, sentados cómodamente mirando el visor espacial, y ahí comenzaba a enseñar destilando sabiduría en sus palabras.

Dijo Amalot:

-Hemos realizado algunas conexiones para que puedas comunicarte desde nuestras naves a satélites de tu Tierra. Sin que tu familia sospeche de tu destino, podrás comunicarte con ellos como lo hacías allá con la gente de diferentes partes del mundo por correo electrónico. Le darás una dirección virtual a tu familia, pero no revelarás el lugar donde te encuentras; cuando regreses podrás revelar lo que viviste.-

Esta noticia causó gran emoción a Gabriel, que aunque podía saber como estaba su familia, hasta ahora no había podido comunicarse con ellos. Antes de partir le habían aconsejado que dejara varias cartas escritas por él, las que iban a ser puestas en el correo una por semana, a fin de que la familia no se sintiera preocupada. Pero a partir de ese momento Gabriel pudo enviar sus mensajes y recibir los de su familia, y eso le renovó sus fuerzas en su misión.

Después de dar esta noticia tan importante para Gabriel, haciendo más propicio el ambiente para la enseñanza, Amalot preguntó:

-¿Tienes alguna pregunta sobre los temas que han tratado contigo en los Consejos en la nave, o los que trató contigo Nacor antes de comenzar tu viaje?-

Gabriel quedó unos segundos meditando en la pregunta, y al rato contestó:

-Tengo una pregunta que me la he hecho desde mi juventud, pero no tengo ninguna de lo que hemos tratado, porque han sido muy claros en lo que me enseñaron. Tal vez puedas responderme, porque he visto la sabiduría y el conocimiento de historia de mi planeta que poseen. ¿Sabes por qué fueron exterminados los animales gigantes de mi planeta como los dinosaurios?-

Dijo Amalot:

-Los animales gigantes
fueron depredados por los hombres,
tal como están depredando a las ballenas,
y casi exterminaron a los elefantes.

Los hombres de tu Tierra,
han depredado a grandes
y pequeños animales en esta generación,
y si no se cambia la actitud
romperán su ecosistema,
porque no sólo depredan animales,
sino vegetación, aguas, y aire,
todo esto fuentes de la vida.

También intentan depredar a la familia,
la organización básica de toda sociedad universal;
tienes que dejar oír tu voz,
y ser una luz a tu pueblo.
El matrimonio entre hombre y mujer
Dios mismo lo instituyó,
y la familia es sagrada y eterna.

Todos los seres en tu planeta,

y en otros mundos habitados,
son la imagen de un padre o una madre Celestial,
y cada uno es individual y amado,
ya como hombre o mujer,
y su naturaleza es divina,
incambiable, e inmutable,
y son considerados hijos o hijas
aunque se desvíen o se perviertan
queriendo cambiar su naturaleza.

Porque ser hombre o mujer,
no es cuestión de elección,
el sexo que posees en tu mundo
es el que tenías antes de nacer,
y será el que seguirás teniendo en las esferas celestes
después de tu vida de terrenal.

Si quieres más felicidad y paz en tu planeta,
enseña que los poderes sagrados de la procreación
sean usados solamente entre el hombre y la mujer,
legítimamente casados.
No tengas temor de enseñarlo,
tu generación se ha pervertido,
no era así al principio.
Tampoco al principio estaban extintas,
las miles de especies de mamíferos, aves y peces
que hoy faltan en tu planeta,
pero vivirá aún sin ellos, pero no sin familias.-

Gabriel quedó impactado con el Maestro,
tantos conceptos tan nobles, tan maravillosos, nadie le había
hablado tan claramente y directamente como lo hizo Amalot.
Gabriel iba comprendiendo porque lo eligieron a él para
enseñar a su gente, tenía principios nobles y semejantes al de

ellos, y no dejó de pensar en toda la gente en su Tierra que vivía también como él, y se sintió agradecido por ellos. Ellos serían también salvadores en su planeta.

El viaje continuaba. El tiempo transcurría casi sin que Gabriel lo notara. En cada período de tiempo algo nuevo, en cada momento algo excitante.

Al comenzar un nuevo día, Amalot invitó a Gabriel a contemplar como se divisaba a Urano, el planeta verde azulado, que se presentaba majestuosamente aunque muy distante, sobre un fondo de estrellas muy brillantes, y con su diversidad de lunas que ya se comenzaban a divisar.

Entonces Amalot preguntó:

-¿Qué quieres que te enseñe?-

-Enséñame a amar- dijo Gabriel.

-Primero aprende a servir,
y entonces aprenderás a amar.
Cuando sirvas, nunca hagas diferencia
entre lo inmediato y lo eterno.

Nunca hagas lo que no sientes,
nunca digas lo que no crees;
si sirves,
entonces es porque amas;
si elogias,
que sea porque eres sincero.

No hagas alarde de tu servicio,
por lo que recibas honores y reconocimiento,

nada te deberán los cielos,
se anota allá sólo tus servicios en silencio;
se sincero, sencillo y sabio.

No corras más de lo que puedes,
no andes con prisa.
No te sientas culpable
por lo que no has podido hacer,
regocíjate con lo que vas logrando.

No confundas medios con propósitos,
nada malo debe hacerse,
para querer alcanzar lo bueno.
Nunca te embarques en ninguna causa
que le llamen justa,
si hay que cometer injusticia para lograrla.

Medios y propósitos van juntos,
o de lo contrario no se pueden alcanzar.
Los propósitos
no justifican a los medios,
ni las causas
santifican a los métodos.

Nunca sentirás mayor gozo
que el de sentirte amado,
ni lograrás mayor grandeza
que la de poder amar.
El amor se oculta ante la impaciencia,
y se niega a salir en la intolerancia.
El amor crece perdonando,
y el perdón es bálsamo de felicidad.

Servir es más que dar lo que se tiene,

a veces darás lo que nunca has recibido.
El amor da por fruto el servicio,
y el fruto del servicio es el gozo.
Sirviendo a veces,
serás como un ángel,
contestando por Dios alguna oración.

Amar es dar, no pedir;
amar es compartir, no explotar;
amar es servicio, no exigir servidumbre.
Amar no es coacción, es persuasión,
no es control, es cuidado,
no es enojo, es templanza;
es compasión, es paciencia, es misericordia,
es bondad, y es ternura.

Entonces Gabriel dijo:

-Si mi misión es servir,
quiero hacer lo mejor que puedo.
Si es para acercarme a Dios,
quiero subir un escalón cada día.
Si es para amar,
¡cuánto quiero que mi corazón
sea abierto hasta el último rincón,
y que la última gota de amor pueda ser dada!

CAPITULO IX

LA JUVENTUD

AMALOT SIEMPRE BUSCÓ el momento especial para enseñar cada principio. Captaba la atención de Gabriel con naturalidad, a veces con preguntas, a veces con ayudas visuales, a veces haciéndolo escuchar, tocar, o a veces induciéndolo a la imaginación, pero siempre aprestaba a Gabriel para la enseñanza haciéndolo participar con alguno de sus sentidos, y su método de enseñanza era ameno y agradable. Y entonces, comenzaba a emanar sabiduría de su boca, y conducía a Gabriel al entendimiento por medio de preguntas que lo hacían reflexionar profundamente y con las respuestas de Gabriel evaluaba su entendimiento y lo guiaba hasta que obtuviera su misma sabiduría. No tenía prisa, enseñaba con naturalidad, como si no le estuviera enseñando. Le enseñaba de corazón a corazón y no de cerebro a cerebro. Y cuando Gabriel recibía de su misma sabiduría, Amalot ayudaba a Gabriel para que aplicara ese conocimiento, porque le dijo:

-Un verdadero maestro,
no cambia sólo el conocimiento,
cambia la vida de sus alumnos.-

El tiempo pasaba desde que conoció a Amalot, como sin darse cuenta, pero las distancias se sumaban y sumaban, y las distancias entre planeta y planeta eran cada vez mayores, y ya estaban a dos mil ochocientos cincuenta millones de kilómetros de la órbita de la Tierra. A lo lejos algunas lunas de Urano ya se veían más grandes que el mismo planeta. Era un despliegue de lunas de diversos colores y tamaños. También se comenzaron a divisar con mayor claridad todos los anillos de este planeta.

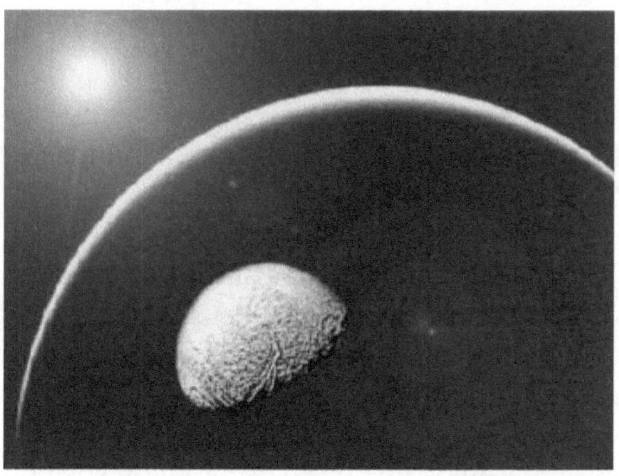

        Y así fue transcurriendo el tiempo, con otras actividades en la nave, ya familiares para Gabriel.

        El planeta verde azulado, ya estaba muy próximo, y se comenzaron a preparar para acercarse más y realizar una órbita a su alrededor.

        El color especial que presentaba, le dijeron a Gabriel que se debía a la constitución de la sustancia química que abundaba, denominada en la Tierra como urano, lo que dio el nombre al planeta.

        Shinna fue quien comenzó a instruir y a satisfacer la curiosidad de Gabriel.

        Lo primero que Shinna dijo fue:

-Este planeta que ustedes llaman Urano, es un gigante en el sistema solar. Su diámetro es cuatro veces mayor que el de la Tierra.-

Gabriel comentó:

-Hace rato que vengo observando sus lunas, y el círculo que lo envuelve, ¿tiene anillos también como Saturno?

-¡Sí!, tiene muchos anillos de muchos kilómetros de ancho, pero por la extensión del planeta los anillos parecen muy delgados. Y también tiene muchas lunas como Saturno- dijo Shinna.

-Vemos una parte oscura, con sus bordes iluminados, parece que está amaneciendo- dijo Gabriel.

-Sí, es un nuevo amanecer, ocurre cada 17,2 horas de tu tiempo, y un año de Urano es igual a 84 años de los de tu Tierra- dijo Shinna.

-¿Vamos a acercarnos más que esto?- preguntó Gabriel.

-Vamos a aproximarnos un poco más sobre su superficie.- contestó la mujer.

-Es rocoso- dijo Gabriel.
-Su superficie es rocosa, y posee un manto helado compuesto de metano, amoníaco y agua, y sobre su manto tiene una capa de hidrógeno y helio.- enseñó Shinna.

Gabriel observaba absorto ante tal espectáculo. Ya muy cerca de la superficie a través de rocas muy altas, veía en el horizonte asomar una de sus lunas de un tamaño gigantesco, impresionante, ocupando casi todo el horizonte, que se erguía majestuosa y lentamente.

Se detuvieron un poco para que Gabriel observara el espectáculo. Entonces Amalot, después que Gabriel hubo contemplado por largo rato, le preguntó:

-¿En que te hace pensar esto que ves?-

-En la maravilla del universo. En su perfección y su hermosura.- dijo Gabriel.

Entonces preguntó Amalot:

-¿Puedes pensar que se hizo solo?
¿Qué no intervino un diseñador,
que nadie estableció sus leyes
y el orden en todo lo que has visto?
¿Puedes ver el buen gusto del arquitecto del universo?
¿Entiendes cuán pequeño es el hombre?-

-Sí, en eso pensaba- dijo suavemente Gabriel, absorto en sus pensamientos.

De pronto la nave partió. Al pasar por cerca de una de las lunas de Urano, la que es llamada Titania, pudo observar su estructura tan particular, pero no se detuvieron, el viaje interplanetario debía continuar.

Mientras se alejaban, el espectáculo era maravilloso, Urano y sus lunas iban quedando atrás, y

adelante algunas estrellas brillaban con tal intensidad, que
contrastaban con la brillantez del Sol, que era cada vez menos
perceptible.

Gabriel se puso a pensar que sólo Amalot le
fortaleció la fe, parecería un tema sagrado que les estaba
vedado a los demás de la nave, o tal vez lo trataron con
reverencia y dejaron al Maestro que lo enseñara.

Al comenzar un nuevo día, luego de realizadas
las actividades normales de la tripulación, Amalot invitó a
Gabriel a sentarse de frente al visor espacial que ocupaba
toda una pared, y le preguntó:

-¿De qué tema quieres que hablemos hoy?

-Háblale a los jóvenes, y yo se los diré- dijo
Gabriel.

Entonces dijo Amalot:

-La vida es hermosa,
la juventud es maravillosa.
Muchos en sueños, o en fantasías,
buscaron la Fuente de la Juventud,
para devolver a sus años maduros
el vigor, la aventura,
la belleza y el optimismo de la juventud;
pero no ha sido posible,
la juventud es un divino tesoro
que sólo les pertenece;
pero por poco tiempo,
la juventud no es eterna,
los años pasan,

y van cosechando su propia siembra.
Porque la juventud es la época de sembrar;
no se puede sembrar,
cuando ya es tiempo de cosechar

En la juventud se siembra hábitos,
para cosechar un carácter;
se siembra conocimiento,
para obtener cultura;
si siembra capacitación,
cosechará independencia;
si siembra pureza,
cosechará virtud.
Lo que no siembre no cosechará,
ni en esta vida, ni en la venidera.

En la juventud,
no confundas amor con lujuria,
ésta es tan fuerte como el amor,
pero una eleva y es noble,
la otra degrada y es baja.
A veces las sendas del amor y la lujuria
parece como que se confundieran;
y cuanto más cerca de las sendas
de la lujuria uno está,
más difícil es saber en cual de los caminos uno va.
Una senda te permite pensar con claridad,
andar en la luz y con felicidad;
la otra oscurece tus pensamientos,
y tu vida camina más expuesta al sufrimiento.

En la juventud se vive un nuevo amor,
pero es como la mariposa
que vuela graciosamente de una flor a otra.

No dejes que te confundan mientras vuelas;
muchos dirán que sienten por ti amor,
no detengas tu vuelo al oírlo;
no todo lo que llaman amor es amor,
no todo lo que cantan del amor es amor.

A quien diga amarte con locura,
no le creas, el verdadero amor es cordura,
porque la locura justifica los actos irresponsables,
y la cordura condena lo indebido.
Algunos para engañarte,
y otros aún engañados,
le llamarán a la lujuria amor,
sin embargo, no detengas tu vuelo.

A quien diga que el amor es ciego,
no le creas;
la lujuria sí es ciega,
no ve nada y destruye todo,
y se lleva con torpeza todo por delante.
Quien ama ve con claridad,
y aún ve más de lo que los ojos pueden ver.

Nadie puede por amor robarte nada;
quien te ama te cuida y no te lastima,
comparte contigo y nada te quita,
quiere que brilles y no te apaga;
quien te ama te ha de admirar,
y se complacerá en magnificar tus virtudes;
entonces esto es amor,
detén tu vuelo.-

Y así habló Amalot a la juventud, y Gabriel
retuvo todas sus palabras.

CAPITULO X

EL CARACTER DEL HOMBRE

GABRIEL NO SE HABÍA cansado aún de pasar tanto tiempo en la nave, en este viaje tan extenso, no tanto en tiempo sino en distancias. El paseo por los planetas y algunas de sus lunas, el ambiente tan cordial, las horas de instrucción, y las diferentes actividades realizadas en la nave, mantuvieron a Gabriel ocupado en cosas muy amenas.

También sus horas de observación, sus momentos de meditación, las comunicaciones con su familia, y su anhelo de ser de ayuda a su gente, hacían que el tiempo pasara sin que le pesara.

Aún así el tiempo transcurría, y a Gabriel le llevaba mucho tiempo escribir y ordenar lo que iba aprendiendo. Estaba impresionado con la sabiduría del anciano Boor Taté, y de Amalot. Procuraba registrar textualmente las palabras de ambos.

Nacor era su amigo, quien siempre procuró que estuviera bien, era amable y bondadoso. Con Naaré, el más joven, compartía muchos intereses en la nave, e hicieron una agradable amistad. Shinna era muy especial, era la imagen misma de la bondad y la dulzura.

Pasó algunos períodos de tiempo sin que tuviera instrucciones, ni enseñanzas, ni tampoco tuvieron Consejos de Tripulantes. Pero al cabo de cierto tiempo lo invitaron a Gabriel a una especie de seminario sobre el carácter, donde aprendió cosas de valor para sí mismo.

Fue Nacor quien comenzó diciendo:

-¡Cuánto cuesta perfeccionar el carácter! Pareciera como que no hay mensajes que lo cambien, consejos que le basten, esfuerzos que le alcance, o arrepentimiento que produzca cambios. No obstante debe cambiarse.

-Cada ser no es como creé que es, ni como desea ser. Tampoco es como es en la iglesia, el trabajo o con sus amigos. Cada uno es como es en su hogar, ese es su mundo, es ahí donde su verdadero carácter aflora. Es bueno o despiadado, es complaciente o tirano, es humorista o mal humorado, es benevolente o malévolo.

-El carácter es como se actúa, pero también es como se reacciona.-

El anciano intervino diciendo:

-Cultiva un pensamiento
y nacerá una acción,
como una flor hermosa y perfumada,
o como una hierba amarga y con espinas.
Siembra una acción,
y te nacerá un hábito;
siembra ese hábito,
y cosecharás un carácter;
y si dejas que el carácter eche raíces,
tu cosecha será un destino eterno.

Controla el jardín de tu vida,
seleccionando tus pensamientos.
Porque sembrar un pensamiento es fácil,
también lo es sembrar un hábito,
pero es más difícil arrancar un pensamiento,
o desmalezar los hábitos,
y si ya te nació un mal carácter,
puede llevar muchísimo tiempo poder quitarlo.

No pretendas cambiar el carácter en poco tiempo,
siembra pensamientos elevados,
cultiva hábitos diferentes,
controla las acciones imprudentes,
y un nuevo carácter suplirá al que no quieres.-

Gabriel participó, preguntó y salió motivado a buscar la perfección de su personalidad. Porque esta vez la aplicación de lo que aprendió fue para utilizarlo en su propia vida. El tiempo en que todos estuvieron reunidos con Gabriel no fue muy extenso, pero sí profundo en la enseñanza.

No obstante, el tiempo que pasó meditando fue muy prolongado, pues su contemplación inevitablemente estaba acompañada de profunda reflección.

Y así contemplando veía cada vez más cerca a Neptuno, al que ya se divisaba con mucha nitidez. Su color azul con algunas vetas verdes, y alguno de sus anillos se hacían cada vez más visibles. También sus satélites comenzaban a verse con mucha claridad. Gabriel pudo contar ocho satélites, pero en el lado oculto de Neptuno, no veía si habían otros.

Antes de llegar a Neptuno se aproximaron a uno de sus satélites, al que es llamado Tritón, y se le informó a Gabriel que tiene muchos volcanes activos, y que es el cuerpo celeste más frío.

La nave no se acercó mucho a Tritón, pero pasó lo suficientemente cerca para poder apreciar la apariencia de su estructura. Todas estas cosas maravillaban a Gabriel.

Al aproximarse a Neptuno se le brindó algunas informaciones técnicas que a Gabriel solamente le satisfizo la curiosidad. Pudo saber que un año de Neptuno equivalen a 164,8 años de los de la Tierra, y que un día de este planeta es de 16,1 horas. Su temperatura es de 220 grados centígrados bajo cero, y que su atmósfera está compuesta de helio, hidrógeno, amoníaco, metano y argón.

No fue mucho el tiempo que estuvieron sobrevolando su superficie, y no dieron ninguna órbita a su alrededor. De pronto continuaron el viaje, que Gabriel supuso sería hasta Plutón.

<u>CAPITULO XI</u>

LA ESPERANZA

POCO TIEMPO DESPUÉS Amalot invitó a
Gabriel a sentarse a contemplar el espacio. Ante lo
maravilloso del universo Amalot abrió otra vez su boca,
Gabriel sabía que iba a manar sabiduría, y escuchó
atentamente:

-Cuanto más sabios,
más nos damos cuenta de nuestra ignorancia;
cuanto más perfectos,
más percibimos nuestras imperfecciones.
Lo único lamentable en el camino a la perfección
es que uno nunca sabe cuanto le falta.

Nunca limites tu progreso
por la imperfección de otros,
que los malos ejemplos sean su propio límite,
pero que tu progreso sea independiente.

Recuerda que muchas veces
tendrás que perder algo,
para ganar en rectitud y grandeza.

No prestes mucha atención sólo
a lo que no debes hacer,
presta más atención a lo que debes hacer.

No permitas
que la casualidad sea tu destino,
lábralo con tu acción.
Si quieres modificar tu destino,

cambia tus pensamientos,
cambia tus acciones,
cambia tu carácter.

Verás que decir es fácil,
pero hacer lo que se dice no lo es;
pero para ser verídico,
enseña sólo lo que ya haces.

No es signo de grandeza
que descubras defectos ajenos;
las almas grandes los hacen pequeños,
y las pequeñas los hacen grandes.

Debes ser agradecido por todo,
ningún corazón sensible justifica la ingratitud,
hasta los cielos se ofenden,
y los más misericordiosos dudan
en conceder el perdón.

Nunca seas ingrato con tus padres,
ante su soledad y necesidades en su vejez;
en nadie delegues tu responsabilidad,
y el derecho que ellos tienen de tu cariño.

Tampoco seas ingrato con tu esposa,
la que antaño fue joven y hermosa,
pero la dedicación a ti mismo,
le consumió sus años.
Ella consagró por ti su cultura,
su progreso personal y sus propios gustos;
a veces olvidándose de sí misma
para complacerte.
¡No abandones su hogar!

¡Qué maravilloso es el corazón agradecido!
No deja pasar un solo gesto bondadoso
sin ser advertido,
y vuelca su amor en gratitud,
y es feliz y hace feliz.-

Gabriel reflexionaba mientras Amalot hablaba. Comprendió que no sólo lo capacitaban para enseñar a los demás cuando volviera, sino a mejorar su propia vida.

En otra ocasión en que Gabriel se encontraba meditando, y recordando a sus amigos en sus angustias, y se sentía impotente de poder ayudarlos a solucionar sus dificultades, entró el anciano Boor Taté y después de conversar con Gabriel sobre el tema le dijo:

-Cuando te parezca que todo está perdido,
cuando veas que todo se ha oscurecido
y supongas que no hay otro camino;
no dejes que la desesperanza
ennegrezca aún más tus pensamientos.
Porque la vida no es todo lo que ves,
ni el universo es sólo lo que conoces;
y las soluciones no son sólo las que comprendes.

El futuro no es la continuación del presente,
ni el presente se perpetúa para siempre,
cada día trae una nueva esperanza,
cada noche termina con una alborada,
cada amanecer es un bautismo,
y cada día una nueva vida.

Lo que hoy es gris,
después será mejor,

y la vida retomará su color,
solamente debes esperar.

La razón de la vida es la felicidad,
y aunque te traigan tristezas las acciones de otros,
o las adversidades,
tu recibirás al fin tu propia felicidad,
como premio de tu bien,
la cosecha de tu amor,
la consecuencia de tu vida,
o por la misericordia anhelada-

Gabriel deseó trasmitir palabras de esperanza, no esperanzas inciertas, sino poder abrir los ojos y ampliar la visión durante la desesperanza de sus amigos, para que durante las horas amargas puedan esperar, y no tomar decisiones que a veces pueden ser irreparables. Porque Gabriel también entendió que lo que un día es oscuro, otro día está lleno de luz; lo que desde el suelo no se ve bien, desde el cielo es otra la perspectiva, y elevándose un poco se amplia la visión y se ven otras soluciones o se recibe el consuelo y se enjugarán nuestras lágrimas.

Paradójicamente, pocos días después de que el anciano Boor Taté dio su mensaje de esperanza, comenzó a sentirse cada vez más débil, y vislumbró la proximidad de su muerte.

Llamando a toda la tripulación, que era su propia familia, excepto Gabriel, les dijo así:

La hora de mi muerte se aproxima,
en alas de pájaro veloz.

He vivido la vida,
y siento gratitud por ello.

Los he amado y he sido amado,
serví y sentí gozo,
y logré mi último deseo
de acompañarlos en este viaje,
para que la luz, la bondad, y la sabiduría,
que he cosechado en mi longevidad,
trasciendan nuestro planeta,
para que la Tierra de Gabriel,
cumpla el objeto de su creación.

Tus algas alargaron mi vida,
y me dieron salud,
tu Tierra es bendita,
de ella fluye la vida abundantemente,
y todo lo da sin recibir nada a cambio.

La muerte ya viene,
pero siento paz...

Entonces el anciano habló en su propia lengua, con palabras dulces a su familia a quienes tanto amaba. Gabriel no supo lo que decía, pero percibió que les trasmitió paz en la hora del dolor de la separación. Parecía como que el anciano estuviera viendo a través del velo de la vida, hasta que la luz de sus ojos se apagó.

Gabriel comprendió la dualidad del hombre, que su cuerpo es sólo templo de su espíritu, pero le pidieron que no contara nada más de la experiencia, ni de las ceremonias posteriores, por ser algo tan íntimo y tan sagrado para ellos.

Después de esto toda la tripulación guardó silencio por varios días.

Hasta que transcurrido un poco más de tiempo volvió todo a la normalidad, pero no olvidaron al anciano, a quien hacían referencia con cariño, como si aún estuviera entre ellos.
Entonces comenzaron a prepararse para el acercamiento a Plutón.

Lo que la nave hacía al visitar a los planetas, era primeramente entrar en la órbita de un planeta determinado y luego se acercaba a ese planeta.

Le dijeron a Gabriel que en esa época Plutón estaría en la órbita de Neptuno, y que permanecería así por un período de veinte años, y que por lo tanto ese viaje iba a ser más breve, ya que al viajar por la órbita de un planeta el viaje es más rápido.

Quien se encargaba de instruir a Gabriel era Shinna, porque al cambiarse de nave Maraat, quien compartía con ella las instrucciones sobre los planetas y sus satélites, ella asumió toda la responsabilidad. A ella Gabriel le preguntó:

-Si Plutón toma la órbita de Neptuno durante veinte años, ¿no hay peligro de que se produzca una colisión entre ambos planteas?-

-¡No!- dijo Shinna, -Plutón pasa por encima del plano de la órbita de Neptuno, tiene una pequeña inclinación orbital de diecisiete grados.

-Nos estamos acercando muy rápido- comentó Gabriel.

-Parece muy pequeño- volvió a comentar.

-Sí, es más pequeño que la Luna, aunque en el espacio las diferencias no se visualizan- dijo Shinna.

-Sí, pero a la distancia que nos encontramos, en los otros planetas ya se veían mucho más grandes en los visores- observó Gabriel.

-Además de ser el más pequeño, es también el más frío. Si utilizamos tus medidas, la temperatura llega a doscientos cuarenta grados centígrados bajo cero- explicaba Shinna. Aunque ella estaba bien preparada, explicaba sólo aquellas cosas que a Gabriel le interesaba como cosa asombrosa o curiosa, pero a él no le importaban mucho otros datos científicos, tampoco tenía la capacitación, su interés estaba orientado hacia otras cosas, y su capacitación era en otra área; y Shinna explicaba lo que a Gabriel le interesaba.

Shinna prosiguió:

-Un año de Plutón equivale a doscientos cuarenta y ocho años y medio de los de tu Tierra-

-Si observas, verás a Plutón que posee como una capa reflectante con polos blancos intensos, que vienen cambiando de tono hasta llegar casi a un gris en el meridiano. Y al fondo se ve su satélite, que ustedes lo llamaron Caronte, con un color más azulado. Y aquella estrella brillante que ves hacia el otro lado, es el Sol, que por la distancia de casi seis

mil millones de kilómetros se lo ve como una estrella
común.-

Después se acercaron, y Gabriel vio la
superficie helada del planeta. Plutón era frío y solitario, nada
más que montañas, y grandes bloques, pero era todo hielo.
Sólo se interrumpía la soledad y monotonía de Plutón por la
presencia majestuosa de Caronte.

No se observaba ni una puesta de sol, ni un
amanecer, pues estaba tan distante el Astro Rey que no le
llegaban sus rayos de luz, ni su calor.

Pero Caronte, la luna de Plutón, a pesar de la
inhospitalidad del planeta, era su compañera fiel, quien lo
acompañaba cara a cara durante toda su rotación y traslación,
rompiendo su monotonía en una danza eterna, bailando
ambos frente a frente, mirándose el uno al otro, mostrándose
siempre la misma cara, tal vez la cara del amor que es leal, y
que no cambia aunque cambien los tiempos.

CAPITULO XII

EL PLANETA AZUL

LE DIJERON A GABRIEL que el destino final del viaje sería una breve visita por Kókom. Qué Maraat en ese momento estaba en un Consejo con los ancianos de las ciudades del Planeta Azul, los que juzgaban la conveniencia de admitir a Gabriel en su sociedad como visitante. Le dijeron que el informe que Maraat llevó de los progresos alcanzados por Gabriel tanto en su capacitación, su progreso espiritual, y los estudios de la inmunidad de enfermedades que le practicaron durante el viaje, estaba siendo considerados en ese Consejo. No obstante hasta ese momento que le informaron a Gabriel no se sabía si sería admitido o no.

Poco tiempo después le informaron que los ancianos consideraron que la cuarentena vivida en el espacio había sido excelente y que admitían a Gabriel por un día en su planeta, y que sería bienvenido y le daban la categoría de Hermano y ciudadano de Makoc, la ciudad principal de Kókom.

En la nave le informaron que había en Kókom leyes de salud, principios, y aún leyes naturales que eran desconocidas por Gabriel; también una atmósfera, aunque similar tenía otros componentes químicos, y todo hacía incompatible su permanencia por más tiempo.

Gabriel preguntó a Naaré:

-¿Cómo es que en mi Tierra aún no conocen a tu planeta?-

Y él le respondió:

-Tus científicos han avanzado mucho en este siglo, pero en el próximo tendrán mucho más para revelar.

-Apenas saben de Plutón, y Kókom está muchísimo más allá de su órbita. Además nuestro planeta está camuflado en el universo, y se desvía toda señal en cualquiera de sus formas, u objeto que a él pretenda llegar.

-Tu Tierra no ha progresado tanto porque cada vez que descubren algo lo quieren conquistar. Te imaginas el avance de tu Tierra si no hubieran existido desde la antigüedad las conquistas de los grandes imperios, que en vez de destruir, hubieran contribuido, que en vez de quitar hubieran compartido, que en vez de anular un pueblo, su cultura y tradiciones, hubieran sumado conocimientos. El odio de tu gente, la vanidad, la intolerancia, el orgullo, la xenofobia, no los hace huéspedes bienvenidos en ningún mundo habitado.

-Pero tu sí eres bienvenido en nuestro planeta, tu no sufres de esos males. También hay muchas personas como tu que serían bienvenidas.-

Una vez que penetraron su atmósfera, se desplegó ante los ojos de Gabriel un mundo maravilloso, de sueños, de fantasías, pero real, y estaba allí ante sus ojos.

Abundaba la luz, toda se irradiaba en un tono azul tenue y los edificios semejantes a castillos de fantasías, también irradiaban luz. Brindaba una sensación de paz, todo era armonía, parecía no existir la mediocridad.

La ciudad era parte del entorno, incorporada graciosamente en la naturaleza. La nave sobrevoló la ciudad de Makoc y en ella se veía las colinas con su vegetación, los lagos, los bosques, parecía que nada se destruía al hacer una ciudad, quedando la ciudad como adoptada por la naturaleza, era como acogida por el paisaje. Los ríos con toda su pureza corrían lentamente entre la ciudad, y los arroyos corrían saltando entre las piedras, ruidosamente, dando vida a la ciudad y a toda vegetación con su agua abundante y pura. La ciudad anidaba en el seno del paisaje, y era hermosa; así la veía Gabriel desde el aire.

La nave sobrevoló por un breve momento la ciudad, y luego se detuvo entre un grupo numeroso de personas, mayores, jóvenes y niños, que aplaudían, imitando nuestras costumbres, para expresar la alegría y la aprobación, y luego todas las voces se unieron en un coro angelical, y elevando sus manos al cielo, a su modo, manifestando bienvenida, tanto a Gabriel como al resto de la tripulación.

Llegó en un día de descanso para la ciudad. Un día de cada siete, en el que todos descansaban, nadie trabaja, ni obreros, ni profesionales, ni comercios, era descanso total, día de unión de familias, día de meditación, era descanso para el cuerpo y la mente, y fortaleza para el espíritu. Se le informó a Gabriel que cualquier emergencia era solucionada con servicio caritativo por los ciudadanos de Makoc y que en las demás ciudades era semejante. Le dijeron a Gabriel que tenían también otro día de cada siete que era de esparcimiento, de fiesta, donde también aflojaban las tensiones, donde se dedicaban a actividades culturales, sociales y desarrollaban sus talentos, que el pueblo tenía una vida sana, y no había estrés entre sus habitantes.

Por lo tanto no vio como funcionaba su economía, ni la administración de la ciudad. Pero supo que no había políticos, ni los males que a muchos los acompaña. Nadie se postulaba para ningún cargo en el gobierno de una ciudad o del planeta, era contra su naturaleza hacerse propaganda a sí mismos, pero nadie rechazaba si el pueblo los elegía como líderes, y el pueblo elegía a quienes conocía.

Los líderes no debilitaban la verdad y la razón por los temores que tienen los terrestres de perder votos o imagen, eran íntegros, y hacían lo justo. Sus acciones no se confundían con la propaganda, ni sus obras con beneficio propio, ni la verdad con hipocresía. Su vocación era de servicio no de poder.

Era común ver a hombres y mujeres con descendientes hasta en la vigésima generación, por causa de su longevidad. Una pareja de ancianos eran los progenitores de toda una ciudad, y mientras permanecían con lucidez, eran los líderes y jueces mayores de la ciudad, y amaban a sus habitantes, y ellos eran considerados por su pueblo con mucho respeto y cariño.

Se le dijo a Gabriel que cada ciudad era tan diferente una de otra, como la originalidad de sus habitantes, pero las leyes, las normas, y los principios eran comunes a toda ciudad, pues se basaban en la razón y la sabiduría.

Naaré fue quien recibió el honor de acompañar a Gabriel por la ciudad. Gabriel vio que los habitantes estaban organizados por familias. No había niños abandonados, ni madres solteras; cada ser pertenecía a un hogar y en él reinaba el amor. Gabriel preguntó cómo era posible, y Naaré le dijo:

-No olvides que acá reina el amor, en tu Tierra no es lo mismo porque se ha enfriado el amor. Acá no hay madres sin esposo, ni niños sin padre, la nobleza de los habitantes no ocasiona esa tristeza. Y si son viudas, son honradas por la comunidad, y servirlas a ellas y a los huérfanos en sus angustias es el sello de nuestra fe.-

Gabriel preguntó:

-¿Tienen libertad?-

Entonces Naaré dijo:

-La libertad es un don universal, y es sagrada. Libertad es elección, y elección es consecuencia, y la consecuencia aumenta o restringe la libertad. Nosotros elegimos siempre seguir teniendo libertad, porque elegimos el bien. La libertad de elegir lo malo, es elegir disminuir nuestra libertad. Libertad es sabiduría.-

Mientras Naaré caminaba con Gabriel por la ciudad, Gabriel estaba más interesado en cómo vivía la gente, que en lo que poseía; en los habitantes, que en la ciudad; pues su corazón se había ennoblecido. Pero sí le llamó muchísimo la atención la naturaleza, árboles, arbustos, y flores nunca imaginados, y tantas especies de animales nunca vistos. El cielo era maravilloso, se veían otros planetas muy cerca, que de tanto en tanto asomaban en el horizonte y se elevaban hasta el cenit, o tal vez eran satélites de Kókom. La luminosidad que irradiaba Shinehah II era tan intensa como nuestro Sol, y les proporcionaba luz y calor, pero era un satélite de Kókom.

Naaré le dijo a Gabriel que los habitantes de Kókom trabajan una quinta parte de una rotación de su planeta, no una tercera como en la Tierra, por lo tanto tenían más tiempo disponible para sus familias, para progresar juntos, disfrutar de tradiciones familiares, y más tiempo para su desarrollo personal. Tenían más tiempo que los habitantes de la Tierra para el desarrollo de sus talentos, los que cultivaban como un don sagrado.

Durante los paseos por la ciudad de Makoc Gabriel fue entendiendo que sus habitantes basaban su vida en tres pilares, estimación propia, paz mental y contentamiento. Y que también vivían por fe, aunque mucho de lo que para su gente en la Tierra era fe, para ellos ya era conocimiento.

Así fue pasando el tiempo, caminando, viendo, conociendo gente, visitando hogares, recorriendo lugares, a veces caminando, a veces en sus vehículos por las rutas individuales a velocidades asombrosas, para que Gabriel conociera otras ciudades. Luego volvieron a Makoc y transitaron por rutas colectivas, a menor velocidad que lo que se transita en la Tierra. También viajó en vehículos espaciales, sobrevolando la ciudad. Y así se fue yendo el tiempo, y su sol ya se estaba ocultando.

Entonces le dijo Naaré:

-Dentro de muy poco se asomará Olea, nuestra luna, y debes marcharte.-

Y Gabriel dijo:

-¿No es por un día que los ancianos dijeron
que podría quedarme?-

-Un día en Kókom es desde cuando en el
horizonte Shinehah II se asoma, y mientras reina en el cielo.-

Entonces Gabriel se preparó para partir.

Fue a donde estaba la Nave, entró con Naaré al
recinto donde había mucha gente reunida esperando para
despedirlo. Unas mujeres se acercaron para darle un presente,
una magistral obra de arte, tallada en piedras preciosas de
hermosos colores suaves, simbolizando las tres virtudes de la
perpetuidad del amor en el matrimonio, la lealtad, el perdón y
el noviazgo eterno, para que se la llevara a su esposa, como
testimonio de que realmente estuvo allí. Eran mujeres muy
bellas, y supo que en el Planeta Azul eran consideradas lo
más tierno y hermoso de toda la creación y eran tratadas con
honor.

Subió a la nave que lo llevaría de regreso, y le
habló Amalot:

-Vale más dar un informe,
que declarar un proyecto;
es de más valor decir lo hice,
que lo pienso hacer;
es mejor quien dice hice,
que quien dice haré.

Sólo crece quien mira para atrás,
y ve lo que ha quedado realizado,

no quien hace grandes proyectos
y no tiene la grandeza de ejecutarlos.

No es en los planes
que se agiganta el hombre,
sino que es recién en la acción
cuando comienza su crecimiento.

Vale más decir hoy comienzo
que mañana comenzaré;
vale más decir lo estoy haciendo,
que decir un día lo haré.
Hoy es el día de la acción,
mañana es futuro, y es sólo plan.

Todo proyecto grande o pequeño,
sólo cuando se ejecuta trae beneficio.
Las muchas palabras ahogan a la acción
y por mucho hablar no se puede trabajar.

Vuelve a tu Tierra,
ejecuta todos tus planes,
da libertad a todos tus sentimientos buenos,
deja que vuelen la bondad y el amor,
pero en alas de la acción, no de las palabras,
porque sólo así se transforman en bendición
para tu gente.-

FIN

INDICE

 **Rafael Diogo Jara**, nació en Melo, Uruguay, en el año 1954. Aunque nacido en Melo, ha vivido más años de su vida en los brazos del río Olimar, cuna de sus cuatro hijos y tres de sus nietitas.

Su niñez la vivió en el campo, en Cerro Largo; su juventud en Melo; dos años vivió en Argentina como misionero; a los 22 años se casó con Teresa Gorbea Vaz, y enseguida comienza su vida de bancario en la ciudad de Río Branco, luego se radica en la ciudad de Treinta y Tres. Es Gerente en dos oportunidades, primero por designación, y en otra oportunidad por concurso. También fue Gerente Regional. Luego de 30 años vuelve a su ciudad natal.

Profesor por vocación, enseñando contabilidad y cálculo. Investigador avanzado en genealogía.

Sus títulos de esposo, padre y abuelo, los lleva con orgullo, más que cualquier otro honor que le puedan conceder.

En la presente obra, *El Visitante del Planeta Azul*, al autor encuentra un perfeccionamiento de sus obras anteriores, *Mujer Virtuosa* y *Gabriel el Pacificador*.

Entre las varias obras del autor se encuentras las siguientes:

- *El Libro Azul de Valores y Verdades*
- *Napeguá – Leyenda Prohibida*
- *Un Banco en Tierra de Valientes y Poetas*
- *Discursos de Fé*

También ha escrito las siguientes obras técnicas:

- *Contabilidad Fácil*
- *Cálculo*
- *Ortografía*

www.ingramcontent.com/pod-product-compliance
Lightning Source LLC
Chambersburg PA
CBHW051233160726
47994CB00002B/863